U0139758

《道德经》纵横谈

崔童鹿　花聚会◎著

中国纺织出版社有限公司

内 容 提 要

《道德经》又名《老子》，分为上下两篇，共八十一章。上篇《道经》讲述了宇宙的根本，道出了天地万物变化的玄机，下篇《德经》说的是处世方略，道出了人事的进退之术。《道德经》不仅是中国文化的基石，也是世界文化瑰宝，对世界政治、文化、历史乃至人民生活产生了重大影响。《〈道德经〉纵横谈》共八十一章，每一章由原文、注解、译文、纵横谈四个部分组成，书中原文采用《老子古本合校》。本书适用于传统文化爱好者和《道德经》相关研究人员。

图书在版编目（CIP）数据

《道德经》纵横谈 / 崔童鹿，花聚会著 . -- 北京：中国纺织出版社有限公司，2023.11
ISBN 978-7-5229-0719-2

Ⅰ . ①道… Ⅱ . ①崔… ②花… Ⅲ . ①《道德经》—研究 Ⅳ . ① B223.15

中国国家版本馆 CIP 数据核字（2023）第 122284 号

责任编辑：段子君 责任校对：高 涵 责任印制：储志伟

中国纺织出版社有限公司出版发行
地址：北京市朝阳区百子湾东里 A407 号楼 邮政编码：100124
销售电话：010—67004422 传真：010—87155801
http://www.c-textilep.com
中国纺织出版社天猫旗舰店
官方微博 http://weibo.com/2119887771
天津千鹤文化传播有限公司印刷 各地新华书店经销
2023 年 11 月第 1 版第 1 次印刷
开本：710×1000 1/16 印张：11
字数：196 千字 定价：68.00 元

凡购本书，如有缺页、倒页、脱页，由本社图书营销中心调换

前　言

老子《道德经》不仅是中华文化的基石，也是世界文化的瑰宝，对世界政治、文化、历史乃至人民生活产生了重大影响。

本书共八十一章，每一章由原文、注解、译文、纵横谈四个部分组成。

本书由河北政法管理干部学院/河北政法职业学院教师崔童鹿、河北日报花聚会先生共同写作完成。具体分工如下：花先生负责确定本书的整体框架，多次督促、指导，在写作和修改中提出了宝贵建议。崔童鹿主要负责写作，共计12万字。

在本书的编写过程中，作者参考了相关文献资料，在此谨向相关文献的作者表示衷心的感谢。由于作者水平有限，书中内容难免存在不足之处，敬请广大读者批评指正，以便进一步修订和完善。

作　者

2023 年 2 月

目　录

上篇

一章

一、原文

道可道，非常道；名可名，非常名。无名，万物❶之始；有名，万物之母❷。故常无欲，以观其妙；常有欲，以观其徼（jiào）。此两者同出而异名，同谓之玄；玄之又玄，众妙之门。

二、注解

徼：边（际）也。边界，边境。

三、译文

可以用言辞表达的道，就不是常道；可以用文字表述的名，就不是常名。无名是形成天地的本始，有名是创生万物的根源。所以常从无欲中来观照道的奥妙；常从有欲中去观照道的端倪或边际。"无"和"有"这两者，同一来源但名称不同，可以说二者都是很幽深的。幽深又幽深是一切奥妙的门径。

四、纵横谈

纵观从夏朝经历殷商朝到西周的历史，总结出成败、存亡、祸福乃古今有道也，并且道之内涵丰富而且深刻，这是老子贡献给人类尤其是中国人民的宝贵财富，老子独特的生存哲学、循自然之路生活和发展的哲学在人类思想的长河中异彩纷呈。

本章有无之辨是就超现象界、本体界而言，与十一章有别。"'有''无'是老子专设的名词，用来指称形而上的'道'向下落实而产生天地万物时的一个活动过程。"❸ "无"说的是道含孕天地之初；"有"说的是道对万物的生养❹。阴阳

---

❶ 此处若"万物"改用"天地"则与三十二章圣德篇"道常无名，朴；虽小，天下莫敢臣。侯王若能守之，万物将自宾。天地相合，以降甘露"、三十七章为政篇"道常无为也，侯王若能守之，万物将自化……不欲以静，天地将自正"呼应。

❷ 此句"无名，万物之始；有名，万物之母"在"陈鼓应.老子今注今译[M].北京：商务印书馆，2003：73"中，为"无，名天地之始；有，名万物之母。"

❸ 参见：陈鼓应.老子今注今译[M].北京：商务印书馆，2003：117.

❹ 参见：鄢圣华.老子旨归[M].合肥：安徽教育出版社，2013：16.

合一而为有，有无合一而为常道，常道和非常道合一而为大道本源，他们是一个整体。

一章末句"玄之又玄，众妙之门"，"玄"是指由心灵主导的行为，是智慧的表现。

道，自宇宙以至万物，自天道以至人道，无所不备，循环无止境，顺行可通，圆融无碍。道学是积极的哲学、强者的哲学，"人能用一字而走遍天下行之万世者，其唯'道'乎！"。❶

体道需要平和的心态、平静的心境，是一种静默的生命体悟状态，没有纷争，少有锋芒，在理想与现实之间、出世与入世之间趋向于游刃有余。

中国文化中有这样两句话，言"道高龙虎伏，德重鬼神钦"。道中有太上，因缘和合于空间显像，向得道之人传递强大的能量，从而得以体悟自然，并将更加精进地对道加以践行。对人和事物等现象了解后总结归纳出规律，并以此种表达方式来显现道。所以，天地万物都是由道完美蕴化出的相互联系的个体，天地、万物、人互为道体，有一方失道，则全局受影响。

道通过人起作用。凡是能被化掉的形体，其中都有气。人的心情会受天气的影响，清明的天，心情振奋，天气阴郁，心情郁闷，因为万物同源，所以人与天有感应，人修为行事需要天地的道气相助。天之无私，用之至公，是道则进，非道则退，道以多种式样和方法度化众生，其教法多端，随类摄化，应病授药，诱掖方便固多门也。

道为阴阳两性之母，人守道、行道在奉献中感受到显露的道性。形而上的道，与形而下的"德"相对称，德代表用。符合道性，得到道的加持，道给人类带来福荫，焕发人自身灵性，开掘生命的潜力。

万事万物贯穿道性，万事由道演，万物从一而分，天地以万物为刍狗。道中有物，有精，有信，借由德而演化。学道修德当保留身体、精神中干净、通透的物质或能量，以留存宇宙天地中生命延续衍用的"根"或"种"。道能量是德能量的聚积，道德在身心中，不忘加持者的恩惠，胸中常怀感恩之心，行德性之礼，故十五章显德篇言"善为道者，敦兮其若朴"。

成道者，心心念念中充满了道性，自身已无，忘却"小我"但有大身的无身者境界，懂得以天地之道为身。

---

❶ 参见：麦小舟.再生的老子 [M].广州：广东高等教育出版社，2009：4.

二章

一、原文

天下皆知美之为美，斯恶已；皆知善之为善，斯不善已。故有无相生，难易相成，长短相形，高下相盈，音声相和，先后相随。是以圣人处无为之事，行不言之教。万物作而不始，为而不恃，成功而不居。夫唯不居，是以不去。

二、注解

圣人：有道的人。

有：本章"有无相生"之"有"与十一章之"有"皆是指现象界的具体存在的事物。

三、译文

天下都知道美之所以为美，丑的观念也就产生了；都知道善之所以为善，不善的观念也就产生了。有和无互相生成，难和易互相促成，长和短互为显示，高和下互相呈现，音和声彼此应和，先与后连接相随。所以有道的人以无为的态度处理世事，实行"不言"的教育。万物兴起而不加干涉，生养万物而不据为己有，功业成就而不自我夸耀。正是因为他不自我夸耀，所以他的功绩不会泯没。

四、纵横谈

老子阐扬"有而不居"的精神，有道的人不居功自傲，并且倡导人在习行圣人的教诲中长养自己的修为。

善于每一次从零做起，发挥自身的力量，发展自己的能力。毋恃久安，的确，对于长久的安定不能过分地依赖。

三章

一、原文

不尚贤，使民不争；不贵难得之货，使民不为盗；不见可欲，使民不乱。是以圣人之治也：虚其心，实其腹；弱其志，强其骨。常使民无知无欲，使夫智者不敢、不为。为无为则无不治矣。

二、注解

不见可欲：见，显耀；欲，贪欲。

腹：三章、十二章皆用到此字。

弱：使……柔韧。

为无为则无不治矣：不反对人类的努力，鼓励人去"为"。❶

为无为：新校本中无此三字。❷

三、译文

不标榜贤明，使民众不起争心；不珍惜难得的财货，使民众不起盗心；不显耀可贪的事物，使民众不被惑乱。所以有道的人治理政事：使民众心灵谦虚、开阔，生活安饱；意志柔韧，体魄强健。常使民众没有（伪诈的）心智、没有（争盗的）欲念，使自作聪明的人不敢妄为。依照"无为"的原则去处理世俗，就没有不上轨道的。

四、纵横谈

本章为老子对于"物欲"文明的理解。老子认为社会混乱与冲突的主要原因就是对名位的争逐、对财货的贪图。所以，不标榜贤明，使民众不起争夺的心；不珍惜难得的财货，使民众不起盗窃的心，有道的治理者不显耀可贪的事物以避免惑乱民众。

那么，面对他人显耀的事物民众何以忘怀呢？

本章安民篇"虚其心，实其腹；弱其志，强其骨"，言降低主观意识中至强

---

❶ 陈鼓应.老子今注今译[M].北京：商务印书馆，2003：54.

❷ 参见：杨丙安.老子古本合校[M].北京：中华书局，2014：17.

的因素，令民饱腹气足，骨质丰满，令志气柔韧刚挺，因为心"虚"，烦恼减少了，如此则切断了病的根源。

对照十二章"检欲"篇，天食人以五气——风、寒、暑、湿、燥，地食人以五味——酸、苦、甘、辛、咸，所以，作为天地之间的人应当缩减浪费，因为挥霍无益，故应物尽其用。

就日常饮食制作而言，食不厌精，不要因为食物就地食用，而忘却它的美和精神。同是稻、粮、菽、黍、稷，翻新的花样制作中焕发的是食物品尝之后带来的愉悦精神，是对中华食物经与文化的传承。

修身以少欲为主，方能清虚自守，卑弱自持。在日常生活中，学着把一些事情看淡，心里不执著，因为若有分别、计较，便会住尘生心，将失却娱情的散淡。一个家庭，即是一个世界，向上之心要强，向娱之情需厚，这样可以鼓舞兴趣，增强生命力，当成员步出家庭之后可以更好地融于社会，做到无为而无不为。

小到一个家庭的成员，大至一个国度里国家的公民，道理无不如此。无为重生，尊重自然，辅助万物，益生贵和，建设和谐社会，打造和谐世界尝试从此处做起：个个有担当，人人都尽责。

四章

一、原文

道冲，而用之，又不盈，渊兮似万物之宗。挫其锐，解其纷；和其光，同其尘。湛兮似或存。吾不知其谁之子，象帝之先。

二、注解

无源：河上题此章"无源"❶。

道冲：形容"道"体是"虚"状的。这个"虚"状的"道"体，像是万物的根源。它不但是万物的根源，而且它所发挥出来的作用是永不穷竭的。可见老子所说的"虚"，并不是空无所有的。❷

湛：沉、深，形容"道"的隐而未形。

三、译文

道体是虚空的，然而作用却不穷竭。渊深啊，它好像是万物的宗主。不露锋

---

❶ 参见：杨丙安.老子古本合校[M].北京：中华书局，2014：19.
❷ 陈鼓应.老子今注今译[M].北京：商务印书馆，2003：55.

芒，消解纷扰，含敛光耀，混同尘世。幽隐啊，似亡而又实存。我不知道它是从哪里产生的，好像是天帝的宗祖。

四、纵横谈

"挫其锐，解其纷；和其光，同其尘。"五十六章玄德篇再现此句。

和光同尘，众缘和合。缘，就是条件，所以，当自己身居舞台的中心、聚光灯照在自己身上时，要谦卑地看自己，极其尊重地看待他人、恭敬地对待他人，用不着傲气，更不要个性，时刻不能忘记，正是因为有那么多人的默默奉献，才成全了自己。故当学会感恩众缘、感谢万民。

水至清则无鱼，人至察则无徒。所以，修养身心得到的果、喜得的"道"果恰似培植在污泥中生长、结出果实的莲花，离不开污泥的这等"境界"所提供的物质、能量和信息。所以，缘来富含如此"精气神"的果得酬谢这浊水污泥的所在。

人与人相处要多付出和奉献。付出什么，才能收获什么，越是索取，越是贫瘠，有一个词"沾光"，是否可以理解为越沾越"光"，更加一无所有。所以，人不能向外索取，而是向"内"求，多向自己心中探求，学着改变自身的修为。

慧是心灵的丰收之果，它来自忍辱的经验历程。修心的过程就是忍辱、守柔、处弱、居下的修为，日渐豁达的心胸中宽容与理解的心香伴随着漫漫的修心历程。修为是一点一滴地积累，一直修心、一直观照，原谅别人，修养自己，苦痛自然减轻、减少。修心、修为中自然发现，生命真实的形与相在生活中展现，在生活中觉悟，照顾好、善护自己的心地，多种善为、美好之因。先哲有言，勤善在手，福寿缠身，想无福无寿无禄无慧都不行。

如果拥有健康的心灵，则少有整日的迷茫、烦躁和忧虑。纵观群贤，健康的心灵中都有丰富、无尽、用之不竭的宝藏。所以，如果按照正确的方法来"开采"，人人都能发掘出"自心"的宝藏。如果把生命的重心放在外在的索取上，心"灵"将会离身体越来越远，徒有一副健康的身躯，将失去活着的快乐，人生真正的价值肯定被覆蔽无疑，因为身体比物质重要，心灵比身体重要。故得出心不修则不灵矣的感叹。

五章

一、原文

天地不仁，以万物为刍狗；圣人不仁，以百姓为刍狗。天地之间，其犹橐籥（tuó yuè）乎？虚而不屈，动而愈出。多闻数穷，不如守中。

二、注解

刍狗：用草扎成的狗，祭祀时使用。

橐籥：风箱，古代冶炼时用以鼓风吹火的装置。

多闻：1.声教法令、政令烦多。2.多学之意。

数：通"速"。数穷：加速败亡。

三、译文

天地无所偏爱，任凭万物自然生长；圣人无所偏爱，任凭百姓自己发展。天地之间，岂不像个风箱吗？空虚但不会穷竭，发动起来而生生不息。政令烦苛反而加速败亡，不如持守虚静。

四、纵横谈

自然无为："'自然'常是对天地的运行状态而说的；'无为'常是对人的活动状况而说的。'无为'的观念，可说是'自然'一语的写状。'自然'和'无为'这两个名词可说是二而一的。"❶

天地以万物为刍狗，可见天地对万物之爱护。仿效天地，圣人以百姓为刍狗，故治国者没有不珍视民众百姓的。

---

❶ 参考：陈鼓应. 老子今注今译 [M]. 北京：商务印书馆，2003：50.

六章

一、原文

谷神不死,是谓玄牝;玄牝之门,是谓天地之根。绵绵若存,用之不勤。

二、注解

谷:虚空。神:泛神。谷神:指真气充足的神,真气具备阴阳平和的性能。不勤:不劳倦,不穷竭。

三、译文

虚空的变化是永不停歇的,这就是微妙的母性。微妙的母性之门,是天地的根源。它连绵不绝地永存着,作用无穷无尽。

四、纵横谈

形而上的实存之道,绵绵若存,用之不勤,其功能即是孕育生生不息之万物。

道教创始人老子,注重"治身",追求修身养性,得道成仙,他的文化理论是中国神话的源泉。老子作为思想者建立了一个庞大的思想体系,好似一座气势恢宏的建筑,是一个包容万有的世界,读者驻足、徜徉于其中,凡是喜好思维的人没有哪一个不仰视、没有哪一个不惊叹老子对世界历程、天下状态的展示。

麦小舟在《再生的老子》一文中提出,"他是人类科学史上提出空间理论的第一人"❶。

生生不息之万物彰示着濡养人性灵的金色时光。人间走一趟来去匆匆而且充满了酸甜苦辣,而每一个人所度过的日子却是连自己也复制不了的,所以当活在眼下。生命来来往往,哪里有来时方长?今天就是余生最美好的一天,珍惜今天,美丽人生在今天就有了一个新的开端。不妨把现在的每一天当作最后一天来活过,试试看。

我们热爱生命的理由很多,惜时才是真正热爱生命的人最淋漓尽致的表达。所以,唯有每一天踏踏实实地度过方对得住如梭的时光。

---

❶ 麦小舟.再生的老子[M].广州:广东高等教育出版社,2009:12.

七章

一、原文

天长地久。天地所以能长且久者，以其不自生，故能长生。是以圣人后其身而身先，外其身而身存。非以其无私邪？故能成其私。

二、注解

以其不自生：指天地的运作不为自己。

长生：长久。

后其身而身先：把自己放在后面，反而能得到大家的爱戴。

成其私：成就他自己。

三、译文

天长地久。天地所以能够长久，是因为天和地的一切运作都不为自己，所以能够长久。所以有道的人把自己退在后面，反而能赢得爱戴，把自己置于度外，反而能保全生命。不正是由于他不自私吗？反而能成就自己。

四、纵横谈

老子歌颂"谦退"的精神。天地无私，一切运作都不为自己，天地亦为之宽，故而得以长久。圣人后其身而身先，外其身而身存，在不争、后己、谦虚、处下之状态中生活。

本章韬光篇，"圣人后其身而身先，外其身而身存。非以其无私邪？故能成其私"；二十二章易谦篇，"夫唯不争，故天下莫能与之争"；三十四章任成篇，"是以圣人之能成大也，以其不为大也，故能成其大"；六十六章后己篇，"以其不争，故天下莫能与之争"；八十一章显质篇，"圣人之道，为而不争"。这些都在宣扬老子"谦退不争"的处世哲学。

做事不以"我"字开头，先人后己，我为人人。若"我"字当先，肆意枉求人人为我，若人如此做事不如意将在一切时、一切处，将会时时处处碰壁、遭逢困境和挫折。其实，这个分寸不难拿捏，懂得这个道理，贵在实行。言行中放下"我"，修炼个体的品德，并将道德认知与实践相结合。

守规矩，练就个体生活、工作中的定力。学会在集体生活中接受锻炼，在真实的生活中体察民生，体会"众人拾柴火焰高"的道理，这样，正气、朝气将迅捷地遍布全社会。我们的家园历经百年风雨始终有活力的重要原因就是因为民众间的薪火相传使人间获得了永续发展的动能。

掌握化解矛盾、斗争的微妙技术。在日常生活、工作中决不与条件比自己差的人争执或吵闹，更不去较量。与其说容忍不如说宽容，宽容他人无理的羞辱欺侮，不能作贱自己与其一般见识，因为他们学历比自己低、地位比自己差、福气比自己薄、家境比自己苦。如此尝试一下，宽慰了自己，也饶恕了他人。

明大德，个人修为上止于至善，懂得感恩。从中国优秀传统文化中吸取精髓滋养我们的精神，可以做到物质和精神双强、双丰收。如此实践，可以把握人生前行的路途，走在正道上，才会让前途光明、才能走得更远。

八章

一、原文

上善若水。水善利万物而不争，处众人之所恶，故几（jī）于道。居善地，心善渊，与善人，言善信，正善治，事善能，动善时。夫唯不争，故无尤。

二、注解

几：将近，相去不远。

渊：形容沉静。

与善人：善与人相处。

正善治：为政善于完成良好的治绩。

正：通"政"。

动善时：行动善于把握时机。

尤：怨咎。

三、译文

上善的人好像水一样。水善于滋润万物而不和万物相争，停留在大家所厌恶的地方，所以基本／最接近于道。居处善于选择地方，心胸善于保持沉静，待人善于真诚相爱，说话善于遵守信用，为政善于精简处理，处事善于发挥所长，行动善于把握时机。只因为有不争的美德，所以没有怨咎。

四、纵横谈

本章易性篇开篇"上善若水",四十三章遍用篇"天下之至柔"亦谈"水性",七十八章任信篇亦用水作喻"天下莫柔弱于水,而攻坚强者,莫之能胜,以其无以易之也",水性"几于道",千里奔流,万壑同归。

上善若水,水是至尊、至善、至上的宝贝,借由宝物所成,其宝柔软,有生命的人或物离开水则不能生存,闻水流则得光明,身心得自在如意。

说到水,哪怕是小溪流中的水,也与天地共存,日月可鉴,苍天在上,山神亦为之证。

远离傲慢和偏见。下,是指处事时精神处下。不强为、不强争,不居功、不争名,亦不夺利。就水而言,其利益一切万物而不争,无论其是胎生、卵生、湿生、化生,也无论其是飞、潜、动、植,水都加以培养、灌溉,水不自私、水不自利,并且具备为达目的奔流不息的坚毅精神、刚强意志。中国人在两千多年前就认识到了"物之不齐,物之情也"的客观事实,中国人深谙尺有所短、寸有所长的道理,因此要秉自然之道、因随物性。如果要了解一种事物的真谛,必须秉持平等、谦虚的态度,学习水的特性,以居下的姿态、心理对待要学习这一事物,这样不仅能参透这种事物的奥妙,而且会与之相亲相融。人类历史和社会客观现实都表明,傲慢和偏见是学习、交流互鉴中的最大拦路虎。

人通过观察水的有形表达可以认识"水的至善"之性。滋润万物而且具备不争的品性。心神止于一,心意诚正,诚恳至极就是善。所以,不张扬、不飘飘然、不装模作样,勿要个性,免得泯灭了个体本来拥有的"上善若水"的好德性。

有德者的人格即已具备了"水"之性。就是如水一般善"处众人之所恶",居卑忍辱,并且能够坚忍负重,不争名利但利万物,贡献一己的力量施助于周围的人或物。号称"沙漠之舟"的骆驼,不就是具备"水性"吗?其往返于戈壁荒原,驮载着沉重的行囊,经年裹风前行,沙漠中劳作的骆驼,其精神真值得推而广之。

水不但能够处下,而且有示弱之性。弱,不是怕困难、怕吃苦,而是适应环境,顺时、顺势而生存、而为之。弱中存有善,而人心向善,所以,弱、病、残、小者经常受到爱护、关照,无论是动物世界,还是人类社会,这些都是人心向善、保护弱小的善举,这是大道有爱的表达,大道有情、大爱无疆。

柔,从字形上看,上下结构,上边的"矛"有金属的刚和硬,下"木"有木纤维的软和韧,软硬、刚柔相济,处事中精神上刚强坚韧、意志坚定,是坚强的意志,不屈勇气的体现。道和万物都具有柔的特性,处下、柔弱道之用,水更不例外。尽管一己柔弱,但是坐拥持久的耐心,工匠般的专注力。

水刚柔相济之性。四十三章遍用篇说水"天下之至柔,驰骋于天下之至坚"。

我们以中国十二生肖中的龙和蛇来比喻，谈水刚柔相济之性。龙代表刚猛，蛇代表柔韧，所谓刚者易折，太刚了容易折断，如果只有柔的一面，就容易失去主见。所以，正如把十二生肖中第三组龙和蛇的特性结合在一起一样，这是我们的祖先借助这组生肖对我们的忠告和提醒。而水的刚柔相济之性正是如此。

七十八章任信篇说"柔之胜刚，弱之胜强，天下莫不知，而莫能行"。水之性兼容并蓄、相融相济、绵延流长。

本章易性篇，"居善地，心善渊"，所居之地友善和气，表现在心理环境上和谐美好，物理环境也祥和温暖、气氛融洽。善与道并存，以好德行来行道存善"与善人，言善信"。行事没有阻碍，因为"动善时"，即时间安排合乎时宜，不浪费自己和他人的时间，无冗余的行为。

修为者至此境界，行为与道相应。"事善能"，善的能量在传递，有善则德立，因为经年累月做善事积累的德是善根的泉源，可以制服心中之魔和心外的魔障。

步步难行，步步前行，日日进步，日日新生，才能够从认识、思想层面得以脱胎换骨。

九章

一、原文

持而盈之，不如其已。揣（zhuī）而锐之，不可长保。金玉满室，莫之能守。富贵而骄，自遗其咎。功遂身退，天之道。

二、注解

其已：适时停止。

揣：捶击。

自遗其咎：自取祸患。

遂：顺利地完成，成功，如意。

身退：敛藏锋芒。

三、译文

执持盈满，不如适时停止。锤击使它尖锐显露锋芒，锐势难保长久。金玉满堂，无法守藏。富贵而骄，自取祸患。功业完成因而含藏收敛，如此作为则与自然的道理相合。

四、纵横谈

本章运夷篇论及"功遂身退，天之道"，遵循天道的精神和法则，去甚、去奢、去泰，即戒盈，懂得物极必反的道理，收敛意欲以含藏动力，学会放手，懂得放下，处激流当谦退。

学会谦退，学会反省，收敛欲望，学会感恩。降低生活上比对的标准和参照的对象，抬升、提高工作上比对的标准和水平，向技术、知识和能力比自己强、比自己高明的人看齐。谦德的品性可以吸引财气、人气，人一生的言行中什么时候都不应忘记谦虚，学着谦退。

"金玉满室，莫之能守。"少取，不但要从集体中少取还要多予他人。人要知足，但是绝对不可自满，人要知己，但不可过分地自我，含藏收敛，默默无闻，能吃苦，做事情有韧劲，踏踏实实坚持不懈，即使名不见经传，但是做一个不平庸的普通人，一个自食其力平凡的劳动者也是让人向往的。

"富贵而骄，自遗其咎。"做人须以谦冲为怀，即谦虚谨慎，能够自我控制，否则就会有树大招风、名高谤来的危险，唐魏徵《谏太宗十思疏》有言"念高危则思谦冲"，这句话的意思是对待人和事物应该怀有谦虚的态度。面对利益纷争，退让可以远离祸端以养福；遇事时用脑子思考，暂缓出策可以减免操之过急而带来的后悔不叠情形，肯用看似笨拙的方法处事可以减少过错；心修，即修行自己的内心可以抬升人的思想境界，还可以延年益寿。

时刻修养自己的德行。与人相处、做事不炫耀自己的聪明，不显摆自己的才华，这样才能够积蓄、储存实力以担负起艰巨的任务，才能被授以重任。如此修为，则我心与道心相应。

道具备的精神：朴、不为大、得一。

三十二章圣德篇，"道常无名，朴……譬道之在天下，犹川谷之与江海也"；三十四章任成篇，"大道氾兮，其可左右，成功遂事而不名有……是以圣人之能成大也，以其不为大也，故能成其大"；三十七章为政篇，"镇之以无名之朴……天地将自正"；三十九章法本篇，"天得一以清……万物得一以生……不欲碌碌如玉，珞珞如石"；道"一"有精神，精神中有信，"信不足焉，有不信焉"，精神是引导信者的力量，具备不屈不挠的毅力令人景仰。

十四章赞玄篇，视之、听之、捪（mín）之"此三者不可致诘，故混而为'一'"；十六章归根篇，"夫物芸芸，各复归其根"；二十一章虚心篇，"道之为物，唯恍唯惚……其中有象……有物……有情"；二十三章虚无篇，"从事于道者，同于道"；二十五章象元篇，"有物混成……字之曰道……域中有四大……人法地，地法天，天法道，道法自然"。

财物是天地的滋养之果，财物依靠道的养育而成。天地相合以降甘露，万物得以滋养，故当莫贪。如果贪就构成了浪费，有失道义，终将罪致道罚。深入一点讲是自取其咎，倘若定为"自罚"，那是再合适不过的了，故而人人适宜放弃对物的"贪"爱，放下一颗"贪"财的心。四十四章立戒篇"甚爱必大费，多藏必厚亡"、五十三章益证篇"服文采，带利剑，厌饮食，财货有余，是谓盗夸"、五十七章淳风篇"我无欲而民自朴"。就道与物而言，物"有道气道基因，物也是演化道的法器"。❶

道高妙，但是道并非无形、无色、无味、无感觉的气。三十五章仁德篇"道之出言，淡乎其无味，视之不足见，听之不足闻，用之不可既"；七十章知难篇"知我者希，则我贵矣。是以圣人被褐而怀玉"。所以，知"道"者真可谓贵人矣。

大道如同一盘棋，每种事物和现象即是一颗颗绝佳的棋子，掌管道事如同拨转一盘盘精妙的棋局，结束一盘棋三年已经过去，但恍如三日，这其中的涵义需要深刻地去思考、理解。

知"道"者用道、传道、布道，清闲"无为"便是仙，逍遥如神仙。道者安静、朴实、无欲，将人性引向光明、引向觉悟的清静大道，能够破迷成真。

十章

一、原文

载营魄抱一，能无离乎？专气致柔，能婴儿乎？涤除玄鉴，能无疵乎？爱民治国，能无以智乎？天门开阖（hé），能为雌乎？明白四达，能无知乎？生之，畜之，生而不有，为而不恃，长而不宰，是谓玄德。

二、注解

载：语气助词。

营魄：魂魄；抱一：魂和魄合而为一。此句即：健全的生活是形体和精神合一而不偏离，即肉体与精神生活趋于和谐的状况。

玄鉴：喻心灵深处明澈如镜。"玄"形容人心的深邃灵妙。❷ 以道镜自察，除掉污垢，促使人心灵深处明澈如镜，这是认识论上的静观。

涤除玄鉴：洗涤除去垢尘，洗去人头脑中的主观欲念，摆脱成见，使头脑纯净如镜，如此修身，而后推其余绪而爱民治国。

---

❶ 参见：元君.道德经：生命的智慧[M].北京：中央编译出版社，2014：129.
❷ 转引自：陈鼓应.老子今注今译[M].北京：商务印书馆，2003：110.

疵：毛病、缺点或过失。

天门：喻感官。

开阖：即动静。阖，关闭。

雌：母的，阴性的，与"雄"相对。

三、译文

精神和形体合一，能不分离吗？结聚精气以致柔顺，能像婴儿的状态吗？清洗杂念而深入关照，能没有瑕疵吗？爱民治国能自然无为吗？不依靠智吗？感官和外界接触，能守静吗？通晓四方，能不用心机吗？

生长万物，养育万物，生长而不占有，蓄养而不依恃，导引而不主宰，这就是最高妙的"德"。

四、纵横谈

"载营魄抱一，能无离乎？"心神不乱，五脏元气不损，保持清静；"天门开阖，能为雌乎"亦是守静。

本章能为篇有言"生而不有，为而不恃，长而不宰，是谓玄德"。八十章独立篇言"虽有舟舆（yú），无所乘之；虽有甲兵，无所陈之；使民复结绳而用之。甘其食，美其服；乐其俗，安其居"，老子《道德经》中所表述的思想前后一贯、理论一致。

德为道之果，德乃道之精神的化身、外在显现或具象的表达，道乃德的内在实质。玄德，实在，不玄乎，非玄虚，助万物生长而不占有，蓄养万物而不依恃，导引万物而不主宰，这就是最高妙的"德"，欲修身以养德可以此为依据。试着一路诚敬，敬在外表，诚在内心，内诚外敬，自然与事理相融，足以促使事态向好的动向位移，感应道交自然生发，则攀登人生、事业的高峰无不奏效。所以有空闲时间多读经典书籍，多多读书，经常在阅读中与古圣先贤交往谈心，摄心静虑使心灵得以安宁，远离外在的事相，修一切善行，不因外物污染而着色以使心地清净。

人生如同爬山，征服了这座高峰，即刻从又一座高峰的山脚下开始攀登，从零做起，修葺新的台阶再一次攀登高峰，生命不息，奋斗不止。

修行内心与入世做事不但不矛盾，而且并行不悖。所以当立言则立言，当事功则事功，工作照作不耽误，倘若能够以出世的态度去做人世间的事情，极其容易获得成就。在内心的宽容、信任与被信任的和谐氛围中，以舒展的生命状态，让天性得以发挥、濡养并得到呵护，让生活充满一束束光明。正如苏轼所说："惟江上之清风，与山间之明月，耳得之而为声，目遇之而成色，取之无禁，用之不竭，是造物者之无尽藏也，而吾与子之所共适。"维护一路有志趣的人生历程，品味优质的生活离不开修心与修身长期双修所习练的、豁达的人生态度与坚韧的品格。

《道德经》中还有如下几处谈到了玄德。五十一章养德篇末句"是谓玄德"；五十六章题目命名为玄德；六十五章淳德篇有"常知楷式，是谓玄德"。

十一章

一、原文

三十辐共一毂（gǔ），当（dāng）其无，有车（chē/jū）之用。埏埴（shān zhí）以为器，当其无，有器之用。凿户牖（yǒu）以为室，当其无，有室之用。故有之以为利，无之以为用。

二、注解

毂：车轮中心的圆木，周围与车辐的一端相接，中有圆孔，可以插轴，借指车轮或车。

埏埴：1.和泥制作陶器。2.陶器。3.陶冶；培育。

户牖：门窗。

牖：古建筑中室与堂之间的窗子。古院落由外而内的次序是门、庭、堂、室。进了门是庭，庭后是堂，堂后是室。室门叫"户"，室和堂之间有窗子叫"牖"，室的北面还有一个窗子叫"向"。上古的"窗"专指开在屋顶上的天窗，开在墙壁上的窗叫"牖"。后泛指窗。

三、译文

三十根辐条汇集到一个毂当中，有了车毂中空的地方，才有车的作用。揉捏陶土做成器具，有了器皿中空的地方，才有器皿的作用。开凿门窗建造房屋，有了门窗四壁内的空虚部分，才成就了房屋的作用。所以，"有"给人便利，"无"发挥了它的作用。

四、纵横谈

本章有无之辨是就现象而言，有别于第一章中谈及的"有无"。

事物间的关系是相对而言的，既相互关联又相互补充，正如退让与前进，退即逃、躲、闪、避，进即行、挪、搬动等。

大用之辨。以虚无的胸怀包容一切功用，一切为人所用。生活在万物的初始状态，役使万物，而心不被万物、外物所累，依时进取，相时退缩，以"顺"与"和"作为尺度，宽之以慰，顺之以思，把握火候，向"自然"法则看齐，正如车轮中车辐与车毂的关系，充分发挥车毂的中心支点那一小圆孔"空"无的作用，恰似"埏埴以为器"，保持陶器中间的"空无"，当其"中无"，从而能够发挥器皿的作用，即成就"器之用"，可以随意盛装其他物品一样，听凭主人的使用。

本章无用篇，从观察生活现象入手，借用"空间"谈及"空"与用的关系。"凿户牖以为室，当其无"之"无"在这里其实为"道"之用，这其实在谈统治的大法则——道。老子暗解《易经》开创道家，其内容涉及哲学、政治、生活、文学、艺术、科学等诸多领域，是中华文化的活水源头。

言及空，空就是透视。透视无量的动态，而心保持如如不动，找到真正的自己，在动态中得定，烦恼就不会起，可见空即是菩提，菩提就是觉醒、觉悟，天下本无事，庸人自扰之；空也可以解释成距离，缘生缘灭无自性，破除一切妄想。事实上是有的东西，但又不是永恒的东西，既有既无等于空，非有非无等于空。

若言空之用，空可以化解一切恩怨。破除内在的对立，烦恼当下即无。所以，空也可以理解为包容，虚空能包容一切，空就是内在里不执着，放下眼前得失的观念就得解脱，所以，不妨将"空"理解为就是要尊重别人。

为了避免对道的误读，应当说明的是平凡岗位上脚踏实地的奋斗和奉献亦是道。健康的生活不过是在坐行起居间，一粥一饭中。在人间烟火中，若能活得素与简，活得随心偶尔随性，诗书风月里，活得从容，则能向心而生。所以，若谈及健康养生则不止于养身，而是要向内心而生，顺自然而养，保持一颗"自然"心，心得自然，善养一点浩然之气，对自然常有敬畏之举，也就是说养生勿忘养心，就是洗尽凡心，返璞归真。

想必大家都在街头巷尾见到过丰子恺先生的画作，他创作的童真童趣的漫画发散、透露着作者性格中的温润、悲悯和善良。丰子恺一生活得像个孩子，他说唯有孩子能让人忘却人间有忧，他说孩子的世界里，黑白分明，不杂不染，充满了慈悲、朴素、乐观、热爱与可亲。"羡他村落无盐女，不宠无惊过一生"，这两句可以描绘丰子恺的生活与处世，也道出了普通民众人间烟火生活的趣味。

十二章

一、原文

五色令人目盲，五音令人耳聋，五味令人口爽，驰骋田猎令人心发狂，难得之货令人行妨。是以圣人之治也，为腹不为目。故去彼取此。

二、注解

五色：指青、赤、黄、白、黑。

五音：指宫、商、角、徵、羽。

五味：指酸、苦、甘、辛、咸。

驰骋：纵横奔走，喻纵情。

心发狂：心放荡而不可制止。

妨：伤，伤害，阻碍。

为腹：持守安足的生活。

去彼取此：摒弃物欲的诱惑，而持守安足的生活。"彼"指"为目"的生活，"此"指"为腹"的生活。

三、译文

缤纷的色彩使人眼花缭乱，纷杂的音调使人听觉不敏，饮食餍（yàn）饫（yù）会使人舌不知味，纵情狩猎使人身心放荡，稀有货品使人行为不轨。所以有道的人摒弃物欲的诱惑，而持守安足的生活。

四、纵横谈

"为腹""为目"之辩。在解决温饱问题以维持生命、生存、生活的"三生"教育过程中不反对讲究生活品质，过高品位精致的生活，但是提倡拥有高贵的精神。

人类的灵性如何免于斫伤？学会在多欲的生活中追求清净，减少声色之娱，莫耽溺于官能的刺激。收束、收拢人的心性，若人行为不狂荡、不肆意妄为，则构建共同爱护自然、言行与都市和乡村文明相协调的人类群体亦不难也。

人类怎样才能管住自己的嘴巴？怎样停止仅仅为了满足口腹之欲而滥捕滥杀

的行为呢？明白道理，将理性升华，把欲望降到最低点，你就会感到寡欲是寿，清心是禄，平安是福，感恩是喜，从俭欲的生活中感受生命的进程。

对照第三章安民篇，做到仁至义尽，从爱护动物入手。猫吃田鼠，虎对野猪，人与自然和谐相处，对动物不能赶尽杀绝，对灭绝性伤害说不。早在原始社会，对野生动物的保护和永续利用已生成法律，四千年前，首领大禹下令，"春三月川泽不入网以成鱼鳖之长"（《逸周书·卷第四》）。民以食为天，法令的确立是为了更好地食取用以生存，而非采取杀鸡取卵式的做法，弃绝短视的行为，不计后果则意味着自取灭亡。所以，现如今的人类需要保护并建设绿色生态，守住生态伦理的底线。维护生物链的稳定、平衡，保持它的延续性，维持动物、植物繁多的种类以做到生生不息。

以人为中心的自私自利的价值观通过人性的弱点得以暴露。为了一己之利，因补身体或为了尝鲜而荼毒生灵，知其不可仍为之，处于食物链最高端的消费者、为了满足口腹之欲的人类当自省，停止消费"温体肉"。经营者只做经济的考量，但是却带给被食用动物精神上的紧张与恐惧，对"温体肉"的消耗带来的是被肢解生命的呐喊与痛苦呼号。

人与自然是生命共同体。人类必须尊重、顺应自然，在保护自然的基础上开发、利用自然，建立与大自然友好的环保生态观，爱护动物，保护自然生态，建设生态文明。生态文明建设，功在当代，利在千秋，担负起人类命运共同体的责任，共同应对气候变化，实现联合国 2030 年可持续发展目标。美丽家园建设从绿色生活方式入手，融入自然，实现"天人合一"的崇高追求。地球是全人类唯一的家园，保护地球生态，顺应自然，减少粗暴掠夺和无序发展，降低生态创伤的范围。绿色是地球的底色，所以无论个人还是集体采用取之有度、用之有节、简约适度、物尽其用的绿色低碳生活（low-carbon life）和生产方式，拒绝奢华浪费，提倡尊重自然、爱护自然的价值观念，运用科学治理的精神，建设多元共生的生态系统，为地球家园增添生态活力。

本章检欲篇"五色令人目盲"，故应多多闭目养神。静心、闭目养神以减少对身体生理各系统能量的消耗，即减少无为的消耗，因为在神清气爽的状态下，人的思想、意识、智慧方能高效运转，才会获得灵感的加持，"五味令人口爽""是以圣人之治也，为腹不为目"。

正心修身、固本培元，才能胜任人生这场灵魂的修行。修炼品性，时常阅读先贤的文章、用文字来涵养灵魂，让思想趋向圣洁，走向崇高，进行自我超越。这种境界的提升只有坚持做人的底线，参照前车之鉴、对照警示之语，以淡泊之心克服内心欲望，驱除攀比心理，掐灭心头隐藏着的微利的诱因，目不眩于五色之惑，耳不眈于五音之溺，口不爽于五味之香，心不狂于田猎之望。

世上的利赚不尽。适可而止，差不多就行，有利时不要不让人，有理时不要不饶人，财聚人散，财散人聚，贪婪者、侵略者永远是贪得无厌的。

感恩鲜活生命的存活之态。享受你的生命，享受你现在所拥有的，永远不要跟任何人比较，感谢自己生命里所拥有的，不该有的强求不来，拥有的是暂时的福报，当珍惜。有修为的人，比别人更知足，所以快乐与之相伴，比别人更富有，常常拥有满满的获得感。

得道的用道人不缺财物。两千多年前先哲说，我很富有，不是因为我拥有很多，而是因为我要求的很少，所以，要知足，才能做世界上最富有的人。知足，知福、惜福、再造福，时时播种福田，种下福因。知足、满足，知足常乐，但不缺乏"进取精神"，坚持不懈地追求梦想，借由一个个、连续小目标的实现而逐步达成，化梦想为现实。知幸福，懂得幸福来之不易，能活在当今是我们的幸运。知足，就能活好每一天，就幸福，就常乐。

去掉贪物的心，摆脱对财物的贪恋。除去物的障碍，明道的障碍自然撤离，否则道障自生。人生中勿以财物为重，而缺失高贵的精神，无生命的财物保障人的生存之需则足矣，因为拥有高贵的精神可以创造无穷的财物、财富。

物即无，道即到，多物心惑，多道心清。止贪，物多害身，即四十四章立戒篇"多藏必厚亡……知止不殆"、五十三章益证篇"财货有余，是谓盗夸，盗夸非道也哉！"、五十七章淳风篇"我无欲而民自朴"之意。

一个人一生最大的敌人不是旁人，而是自己。需要进行自我革命，胜过自我寸心之地，方能胜越苍穹，因为人人皆有七情六欲，理智地把持住自己的欲望，遵守法度，以严格执行纪律为依怙，在利益得失面前学会放弃小我，从长远处着想，不能因贪图蝇头小利而自我毁灭。同时，保持精神健康，守廉洁，绝不义之财欲，清理欲念，以将心灵"清净"作为战场，清心寡欲，解结去缚，增加正能量，真气强、骨气壮，做事情的时候能够镇住私欲，就能保持明道的心境。

去欲，若存私心，岂能成事。人对欲望的向往、追求理想是成长发展过程中的需求，在稳定的社会大环境中，跨越了生存，步入生活，对美好生活的开放性需求中，如何实现个体与整体的共振？如何将个体的自我实现融入社会发展的长河中并与之相辅相成呢？保持个体生命生活和工作中乐观、积极的态度，在蓬勃的生命状态中，增添德性动机上的动力，实现道德教育的主体性和实践性，强调自立自强的自为之德。

十三章

一、原文

宠辱若惊，贵大患若身。何谓宠辱若惊？宠为下，得之若惊，失之若惊，是谓宠辱若惊。何谓贵大患若身？吾所以有大患者，为吾有身；及吾无身，吾有何患！故贵以身为（wèi）天下，若可讬（tuō）天下；爱以身为天下，若可寄天下。

二、注解

讬：同"托"，委托，寄托。

三、译文

得宠和受辱都感到惊慌失措，重视身体好像重视大患一样。什么叫作得宠和受辱都感到惊慌失措？得宠仍是下等的，得到恩惠感到心惊不安，失去恩惠也觉惊恐慌乱。

什么叫作重视身体像重视大患一样？我所以有大患，乃是因为我有这个身体；如果没有这个身体，我会有什么大患呢！所以能够以贵身的态度去为天下，才可以把天下寄托给他；以爱身的态度去为天下，才可以把天下委托给他。

四、纵横谈

本章句子结构以并列式呈现。

基于上一章"圣人"为"腹"不为"目"的社会生活指导思想，因清心寡欲故不追求声色货利的纵欲生活，而过恬静安足的生活。爱身、贵身是生命康寿、绵长的前提和基础。

本章厌耻篇"贵以身为天下"与第四十四章立戒篇"名与身孰亲？身与货孰多？得与亡孰病？是故，甚爱必大费，多藏必厚亡。知足不辱，知止不殆，可以长久"同谈"贵身"的思想。

执政者治理国家如贵身、爱身一样，则王朝江山将美丽如画。讲究个人的修为方能担当起重任，臣民百姓将信任这样有修为的执政者并且倚重他，所以被信任是一种责任，承受信任的人双肩担负着沉甸甸的职责，学会被他人信任，担当得起信任，更当加强自身个体的修为。

"宠辱若惊，贵大患若身"，尊贵而不自居，势力大但不欺压人，得宠不忘形，遇辱不悲戚、不自卑，以淡定之心对待宠辱，因为宠辱、得失皆是枷锁，放下这些枷锁，学着甩掉这些执着的念头，主动减负，卸下包袱，可以轻松自如向前行，也只有如此才能走得更远。

十四章

一、原文

视之不见，名曰微；听之不闻，名曰希；捪（mín）之不得，名曰夷。此三者不可致诘，故混而为"一"。"一"者，其上不皦（jiǎo），其下不昧，绳绳（mǐn）不可名，复归于无物。是谓无状之状，无物之象。是谓惚恍。迎之不见其首，随之不见其后。执古之道，以御今之有。能知古始，是谓道纪。

二、注解

"微""希""夷"：这三个名词都是用来形容感官所不能把捉的"道"。

捪之不得：抚摸不着。捪，抚，摹。"捪"杨丙安本新校用此字❶；"搏"陈鼓应本用此字❷。

夷：灭。

致诘：究诘，追究。

混：搀杂在一起。

皦：光明，纯白，明亮，清晰。

昧：阴暗。

绳绳：形容纷纭不绝。1.形容接连不断，众力绳绳可劈山。2.小心谨慎。

惚恍：若有若无，闪烁不定。

古始：宇宙的原始或"道"的端始。

道纪："道"的纲纪、规律，指实存意义的"道"所显现的规律❸。

三、译文

看它看不见，名叫"微"；听它听不到，名叫"希"；摸它摸不到，名叫"夷"。这三者的形象无从究诘、无从认识，它是混沌一体的。"一"的上面不显

---

❶ 参见：杨丙安.老子古本合校 [M].北京：中华书局，2014：55.

❷ 参见：陈鼓应.老子今注今译 [M].北京：商务印书馆，2003：126.

❸ 参见：陈鼓应.老子今注今译 [M].北京：商务印书馆，2003：37.

得光亮，它下面也不显得阴暗，它绵绵不绝而不可名状，一切的运动都会回到不见物体的状态。这是没有形状的形状，不见物体的形象，叫它"惚恍"。迎着它看不见它的前头，随着它却看不见它的后面。把握着早已存在的道，来驾驭现在的具体事物。能够了解宇宙的原始，叫作道的规律。

四、纵横谈

本章赞玄篇与第二十一章虚心篇一样，都是描述形上之道。

本章描述形而上的实存之道深微诡秘之存在，它超越了人类一切感觉和知觉的作用，为我们的感官所无从认识，老子用经验世界的许多概念为我们加以精微、周到、细致的描述，从本章层层递进的句子结构中可以感知先哲老子为我们推开了一扇认识"道"的大门。

十五章

一、原文

古之善为道者，微妙玄通，深不可识；夫唯不可识，故强为之容曰：豫兮其若冬涉川，犹兮其若畏四邻，俨兮其若客，涣兮其若冰释，敦兮其若朴，旷兮其若谷，混兮其若浊。孰能浊以静之徐（xú）清？孰能安以动之徐生？保此道者不欲盈；夫唯不盈，故能敝而不成。

二、注解

豫兮：迟疑慎重之意。

犹兮：形容警觉、戒惕的样子。犹，戒慎貌。若畏四邻：形容不敢妄动。

俨兮：形容端谨庄严。

徐：缓，慢慢地。

欲：想要，希望。

敝而不成：去故更新。此句陈鼓应本为"敝而新成"。❶

三、译文

古时善于行道之士，精妙通达，深刻而难以认识；因为难以认识，所以勉强来形容它：小心审慎啊，像冬天涉足江河；警觉戒惕啊，像提防四周的围攻；拘

---

❶ "新成"参见陈鼓应.老子今注今译 [M].北京：商务印书馆，2003：129."不成"参见 杨丙安.老子古本合校 [M].北京：中华书局，2014：64.

谨严肃啊，像做宾客；融合可亲啊，像冰柱消融；淳厚朴质啊，像未经雕琢的素材；空豁开广啊，像深山的幽谷；浑朴淳厚啊，像浊水一样。谁能在动荡中安静下来而慢慢地澄清？谁能在安定中变动起来而慢慢地趋进？懂得这些道理的人，不肯自满。只因他不自满，所以能戒盈求缺、敝而不新成。❶

四、纵横谈

本章描述体道之士。"体道之士"之人格形态：宁静敦朴、谨言审慎❷。

善为道者戒盈。善为道者在日臻完善中知"止"，明白当在临界点前止，"夫唯不盈，故能敝而不成"。对比六十五章"古之善为道者，非以明民，将以愚之"。戒盈求缺，不用更不要刻意地追求完美。做任何事情如果都能给自己留些余地，那么遇事就可以转圜，可以减少来自外部环境的猜度（duó）、忌恨、不满甚至打击，最起码可以减少对自身的伤害。如果做事情一定要做到极点、达到极致，求取功名一定要得到最高、最丰厚的地步，那么很可能超出了自身的承受能力而发生变故，或许有可能自身或自身所在集团将发生意料之外的变故，来自外界的烦恼、忧患必然将不招自来。

《菜根谭》中有言，"事事留个有余不尽的意思，便造物不能忌我，鬼神不能损我；若业必求满，功必求盈者，不生内变，必招外扰"，"进步处便思退步，庶免角藩之祸；著手时先图放手，才脱骑虎之危"。在平步青云、通达高升之途时就要考虑隐退的途径，这样也许可以避免进退维谷、遭遇两难的处境；在做事情顺畅、得手时要思考如何停止运作、想到罢手的方法，这样才可以免于落入万丈深渊的危险境地。

善为道者，微妙玄通，深不可识，即道者隐。善为道者能守敝而不成，行事把握尺度，崇尚中庸。本章显德篇，"敝而不成"；四十五章洪德篇，"大成若缺"；七十六章戒强篇，"兵强则不胜，木强则共"。善为道者遇事原则上坚定，但是解决问题时构思设计巧妙，策略灵活，方法上多变，能够革除俗见，吐故纳新，逢事不做俗人之举，深刻地认识到山穷水尽之时，自有出路可走，车到山前必有路，船到桥头自然直。

善为道者，具备慧性的好品格。善为道者拥有日积月累的正能量，有觉悟，行事中悲天悯人，外显于人的是气度和谐、朴实、谦虚，富有宽容之量，与之相处可感其身心坚毅。具备了如此良好的心态则具备了成就道性的基础，并且能在节点上拿捏得住"敝而不成"的状态，这是善为道者做人的品格，是正能量的因，它源自心性。

---

❶ 参见杨丙安．老子古本合校 [M]．北京：中华书局，2014：66.
❷ 参见：陈鼓应．老子今注今译 [M]．北京：商务印书馆，2003：132.

依心性修禅定。禅定修依心性，开悟的人明了本性之外，别无他物，当下一念，如实知自心，于一切时中，一举一动，观心习定，无取舍、不修整、无处不是通体活泼的定。人人皆知力量集中是做事成功的必要条件，力量分散是失败的主要原因，眼耳鼻舌身对应色声香味触，倘若诸识集中，各个感官能够集中一处，一心正念，心不驰散，心念正而不邪，在不慌忙的心态下，以定伏心，渐渐入正定聚，止恶行，修善行，某一个问题就将被解决。

人的行动与思想容易受"习气"支配。若诸识并起，通俗地讲，即分心，倘若心神分散，有了你我他的分别，力量自然分散，则难以获取成绩，也就是说，在我们自身能量弱小、能力低下、境界低浅的情形中，我们驾驭不了诸智同起的状况，所以，做任何事情都要一步一个脚窝的来，踏踏实实地从头做起，不害怕从零起步。

透视烦恼。《圆觉经》言，知幻即离，离幻即觉。不执着幻境而不懈地努力，将身心调得均匀，则定力增加，将渐进正定的境界，直面烦恼而不是逃避，放下妄念，心住一境，内在将产生安祥的喜悦即"乐"，无论行住坐卧，内心都能够安定，当下一念知自心，则于一切时中、一举一动，都可以观心习定，修行心境，助己定心，烦恼即可化解。

观照即透视，透视现象。在现实生活、工作和实践中，遇见困难时，首先调整自己的心态，认清世间无常是常态，觉而不迷，向内追求、"问心"问自己的心，一念之间即得幸福和快乐，不需要拥有任何东西，就可以做幸福的人，贵刹那静，更不因金银珍宝乱心，则将拥有无限的智慧。用透视的智慧断烦恼入定，以空性的智慧为主导，修正观念，在困难、创伤、痛苦中磨炼而得以觉醒，这世间我们没有带任何东西来，所拥有的也是暂时的，诸行无常，如此透视世间、妙观宇宙，把一切都放下，则内心知足、面目安祥，无压力、无累赘，在动态的自我调试下可以动中得定，因静入定升发腾起的智慧将助力我们事半功倍，问题无不解决。

十六章

一、原文

致虚极，守静笃，万物并作，吾以观其复。夫物芸芸，各复归其根。归根曰静，静曰复命。复命曰常。知常曰明；不知常，妄作，凶。知常容，容乃公，公乃王，王乃天，天乃道，道乃久，没身不殆。

二、注解

复命：复归本原。

常：永恒的规律。

知常曰明："即尊重客观规律叫明。尊重客观规律而不自负，也即认识能力或理性能力上的谦下，故谓明。"❶

妄：胡乱，荒诞不合理。

凶：出乱子。

不殆：免于危险。

三、译文

致虚和守静的功夫，做到极笃的境地，万物蓬勃生长，我看出往复循环的道理。万物纷纷芸芸，各自返回到它的本根。返回本根叫静，静叫回归本原。回归本原是永恒的规律。认识永恒的规律叫明；不认识永恒的规律，轻举妄动就会出乱子。认识常道的人是能包容一切的，无所不包就能坦然大公，坦然大公才能无不周遍，无不周遍才能符合自然，符合自然才能符合于道，体道而行才能长久，终身可免于危殆。

四、纵横谈

本章句子结构和句中语义呈递进形式分布。

归根即回归本原、致虚守静。与地气相接，接住地气，灌注生气，则底气增强，让心灵复归于原本的、清净透明境地，即清静之"静"界。除了本章外，"凡是谈到'静'字的地方，论旨都在政治方面，而且都是针对着为政者的弊端而发的"❷。

道静、虚静，首推"虚""心"。心达到"虚"的状态，呈现"虚"的空间，方能包容瑕疵，顺应多变的情势，进而把握万物的精神命脉，只有如此才能符合自然、符合于道，从而体道而行。

厚道为人，安守本分的前提下，在工作与生活中不断取得进步、发展和创新。热爱生活，在纷纷扰扰的世界里，练习柔软心意，将一颗有情的心，炼至圆融，于繁华静处觅知音，哪怕是一天里一段微乎其微的专属于你的时间，都可以暂停、静下来，感受个体均匀、沉静的喘息，平静地呼吸，听从内心世界的召唤，洞见淡泊率真的人生态度，唤起美好生活的愿景，发现日常工作和生活中的情致与雅趣。那么，如何发掘并转化自身内蕴的无限能量奉献给社会，为百姓服

❶ 鄢圣华.老子旨归 [M].合肥：安徽教育出版社，2013：316.

❷ 参见：陈鼓应.老子今注今译 [M].北京：商务印书馆，2003：58.

务、为人民造福呢？

突破自身惰性，发挥心灵之地的潜能。人作为最高级的哺乳动物，置身大千世界，在社会环境中成长，个体发展的历程中充满了矛盾，每一个机体自身强大的惰性与其灵魂深处巨大的潜力于体内同存共生，在没有压力的境况中，没有前行的动力，日常生命状态的人看起来会十分懒散，做事拖拖沓沓，得过且过，一个十足无能的平庸之辈。但是，若给予了一定的压力并被施加强迫之后，我们会发现，大多数情况下，还是这一个个体，会不断地朝向一个目标不懈地努力。作为人，其自身的潜力被激发出来，会显现出许多不同于常人的地方，其作为令人咂舌、令人称叹。赶紧试着挖掘自身的潜能，在工作、生活中尝试认识道，向道而行吧。

"复命曰常"，命运的更新是客观规律；"知常曰明"，认识客观规律就是明智。享受长生且有福的命运而终身没有什么可后悔的。

一起来看看"王"字的写法给我们的提示。三横分别代表天、地、人，一竖代表通道，参天地就是人法天地，参人就是人法自然（本然），通道就是人法道。王天下就是把"王"的理念推至天下，圣人治国，让社会复归素朴。欲不欲、好静、无为、无事，以素朴为路径，摆脱困顿通向自由。

"虚"是天地的状态。天地虚，呈现出虚静、复根、回归本源的样貌给世人观看。虚静也是自然界赋予人性的一种内在力量，不外显，虚静与软弱无关。德，可谓自然之心，老子所谈的德是自然之德而非社会之德。身，自然之身。人与天地同在，所以，人要保持虚静，思考复根的涵义，回复本原的素朴状态。

本章归根篇，九九归一，叶落归根。静心识道，发现规律，认识万物，通过内观、向心内求的方式，调动人的智慧，在工作实践中获得灵感，与道相通，在道的指导下，让个体的心性趋向于"内圣"。

除了本章归根篇，"落其实者思其树，饮其流者怀其源""求木之长者，必固其根本；欲流之远者，必浚其泉源""万物有所生，而独知守其根"皆言"根"之义，另外可见二十一章虚心篇言"孔德之容，唯道是从"和二十六章重德篇言"重为轻根，静为躁君"，同言"根"之义。

十七章

一、原文

太上，下知有之；其次，亲誉之；其次，畏之；其下，侮之。信不足，焉有不信。犹兮其贵言。功成事遂，百姓皆谓："我自然。"

二、注解

太上：最好，至上；指最好的时代。"太上""其次"是价值等级的排列。

下知有之：人民只知道君主的存在而已。

侮：欺负，轻慢。

犹：戒慎貌，即警觉、戒惕的样子。

贵言：形容不轻易发号施令。

自然：自己（原本）如此。

三、译文

最好的时代，人民只是感觉到统治者的存在；其次，人民亲近他并且赞美他；再其次的，人民畏惧他；更其次的，人民轻侮他。统治者的诚信不足，人民自然不相信他。最好的统治者戒慎而不轻于发号施令。事情办成了，百姓都说："我们本来是这样的。"

四、纵横谈

在本章中老子把民众对为官者执政的感受分成了四个层阶、四个段位，其中最好的时代，"太上，下知有之"，人民只是感觉到统治者的存在。

以民为本，施政不扰民。作为执政者，以民为本、施政不干扰民众的生活，百姓不觉知政府的存在，这是最佳的政府执政状态。清静无为是内圣外王者的善政之为，不贪图安逸，让百姓自我发展并得以完善生活，体察民情、尊重民意，无为而勤政，即勤于观察、检视百姓的生活状态。事情办成了，百姓都说："我们本来是这样的。"展现出这样的治理生态，是激发百姓自身能动性的成果。如何做到"功成事遂，百姓皆谓：'我自然'"呢？严刑峻法的高压政策令百姓"畏之""侮之"，所以老子疾呼统治者"贵言"，就是珍惜言辞、慎调法令，辅助百姓发展生产而非运用权力进行政治干涉。

营造海晏河清的政治生态。百姓的事是大事，执政者做到为"人民"服务是最美好的政治生态，政府若趋向于"贵言"，则可不扰民，百姓就可以安闲自适地过日子，从而形成执政者无为，即因任"自然"而无为，但是"民有为"的营生情况。以民为本，由民作主，发挥民众的主动性，减除压制，主张自查，倡导民众自治，即自行治理，但并非执政者撒手不管，而是执政者站在战略高度给予指导，由民众结合地区实际情况具体分析并解决问题，可以帮助民众提出多元的解决方案，预备出多种处理矛盾的方式，而非简单划一地解决某一焦点问题。

本章淳风篇话"自然"。倘若将"自然"之方式用于教育，则是好的教育。即教育管理不是一味地收紧，而是懂得放松，实行亦张亦弛之道，让孩子找到自己适宜的领域，没有设定太多的条条框框限制他们的发展，也就是让孩子顺着自己的天性"自由"地成长，这才是良好的教育。

教育者需要精巧地构思何谓因材施教。因材施教不容易，不妨尝试因势象形、因势利导的办法，做到顺势而为、物尽其用、材尽其能。被教化的后代，以道为宗旨，以德、信、善为体用，在反复地实践中实现教育的目的，也可以戏谑地称被教育者修成正果。在此过程中切忌揠苗助长，因为每个受教育者、每个人根器不同，所以，对待相同事物的见解、做法也不应相同，故而所得到的境界不同，接受"自然"教育的多元结果当然也不相同，这是教育者应当预见到的。

本章淳风篇中的"太上"也可指道家专修者内心崇尚的最高精神与智慧。太上代表着由自然、天、地、道、德、信、善和法等整合成一体的综合体系。太上是来自宇宙的自然之力，引导人心向善。太上是一种有正能量的无形之体，自然、清静、和气。

"其中有象，其中有精，其中有信"，喻示着万物由道而生。尽管太上调理万物但是不被万物所知。我们的先人老子用清净、自然之法赢得了太上的大境界。在宗教历史记载中，将"太上"拟人化，太上化生出历史中的各种人物，用他们的道性智慧参与社会实践，不断地教化并唤醒世人，演示着道德对人类发展的重要性。

老子在终南山中的生活与俗世隔绝，日月风雨、天地万物，没有一件是人或神有意识安排的，但是却如此和谐、完美。这一曼妙美境来自神秘之处？我们不能用自己的智慧去解释它吗？这一具有一次次让文明涅槃和重生的力量就是道。

十八章

一、原文

大道废，有仁义；智慧出，有大伪；六亲不和，有孝慈；国家昏乱，有忠臣。

二、注解

六亲：父子兄弟夫妇。

三、译文

大道废弛，仁义才显现；智慧用于世，伪饰将出现；家庭不和，孝慈才彰显；国政昏乱，忠臣才见出。

四、纵横谈

本章俗薄篇，对"六亲不和，有孝慈"等进行了现象上的描述和归纳。孝中自有顺意，顺父母意、顺天意、顺道意。因为偏离孝"道"，故而失道，生出机心、机巧心也。

若时代崇尚仁义，社会已缺乏单纯，乡风民俗已不淳厚。面对如此民风境况，应当如何去做呢？行大道，尊崇道的指引，因为道为宗祖，万物由道滋养。

十九章

一、原文

绝圣弃智，民利百倍；绝仁弃义，民复孝慈；绝巧弃利，盗贼无有。此三者以为文不足，故令有所属：见素抱朴，少私寡欲。绝学无忧。

二、注解

文：巧饰。

绝学：仁义礼法之学。追求圣智礼法，增加人们的智巧心机。但是"智""学"也可引人向上，导人向善。[1] 无忧：无扰。绝学无忧：谓弃绝异化之学可无搅扰。

三、译文

抛弃圣智 / 巧辩，人民可以得到百倍的好处；弃绝仁义，人民可以恢复孝慈的天性；抛弃巧诈和货利，盗贼就自然会消失。圣智、仁义、巧利这三者全是巧饰的，巧饰不足以治理天下。所以要使人有所归属：保持朴质、减少私欲。弃绝异化之学可无搅扰。

四、纵横谈

本章还淳篇与十八章俗薄篇是就"大道废"这个问题从不同视角而言，三十八章论德篇也有关于此命题的相关表述。

因为存在虚饰的风气，故需"还淳"。风气如何返还淳朴，首先，不妨从反对"媚上""媚俗"文化、从减少"隆君"的巧饰做起。就社会实践而言，执政为官者于民间生活，当经常深入百姓家，与民众共同生活，在同呼吸、共同面对难题、解决问题的工作流程中，引导并促使民风、人心重新归属质朴。

---

❶ 陈鼓应. 老子今注今译 [M]. 北京：商务印书馆，2003：67.

其次，俭朴呈德，润泽万物。俭本身就是惜福，因为惜福所以不去浪费，更不可能暴殄天物，不但珍惜东西，而且面对问题时，注重如何去解决问题，而不是怨天尤人，所以，拥有宽厚、博大的胸怀，更是惜福的表现，更是以德养身的体现。

欲以人为本，当洞悉人性。讲究仁义，更当符合人性，而非残忍地扭曲人性，以致于最终查出委曲求全、虚情假意之人是因为所图非常。百年树人，任重道远。

营造良好社会风尚。促使民众心性趋向淳朴，不妨从减少私欲入手展开探索。

二十章

一、原文

唯之与诃（hē），相去几何？美之与恶，相去何若？人之所畏，亦不可以不畏人。荒兮，其未央哉！众人熙熙，如享太牢，如春登台；我独泊（bó）兮其未兆，如婴儿之未孩，儽儽（léi）兮若无所归。众人皆有余，而我独若遗。我愚人之心也哉！沌沌（dùn）兮。俗人昭昭，我独昏昏；俗人察察，我独闷闷。惚兮其若海，恍兮若无止。众人皆有以，我独顽似鄙。我欲独异于人，而贵食（sì）母。

二、注解

诃：同"呵"。

荒兮：广漠的样子。

未央：无尽的意思。

熙熙：纵情奔欲、兴高采烈的样子。

享：受用，享受。

太牢：古代帝王祭祀社稷时，牛羊豕三牲全备为"太牢"。古代祭祀所用牺牲，行祭前需先饲养于牢，故这类牺牲称为牢；又根据牺牲搭配的种类不同而有太牢、少牢之分（参见百度词条）。

如春登台：好像春天登台眺望。

泊：淡泊，恬静。

兆：迹象。未兆：没有迹象，形容不炫耀自己。

儽儽：落落不群，无所依傍。

有余：河上公说："众人余财以为奢，余智以为诈。"❶

遗：不足的意思。

---

❶ 转引自：陈鼓应. 老子今注今译 [M]. 北京：商务印书馆，2003：153.

愚人："愚"是一种淳朴、真质的状态。

闷闷：形容淳朴的样子。

以：用。屈原《九章·涉江》："忠不必用兮，贤不必以。"

顽似鄙：形容愚陋，笨拙。鄙，粗俗，低下，品质低劣。

食母：食音嗣，养也，拿东西给人吃；母谓本也。食母谓养于道。

三、译文

应诺和呵声，相差好多？美好和丑恶相差好多？众人所畏惧的，我也不能不有所畏惧。精神领域开阔啊，好像没有尽头的样子！众人都兴高采烈，好像参加丰盛的筵席，又像春天登台眺望景色；我却独个儿淡泊宁静啊，没有形迹，好像不知嬉笑的婴儿，落落不群啊，好像无家可归。众人都有多余，唯独我好像不足的样子。我真是"愚人"的心肠啊！混混沌沌啊。世人都光耀自炫，唯独我暗暗昧昧的样子；世人都精明灵巧，唯独我无所识别的样子。若有若无好像湛深的大海，闪烁不定好像没有止境。众人都有所施展，唯独我愚顽而拙讷。我和世人不同，而重视进道的生活。

四、纵横谈

本章异俗篇描述了俗与道两种不同的生活方式和状态相差甚大、相距甚远。

"而我独若遗。"遗世独立，因为"落单"，所以能够置身世外。本章老子用第一人称"我"表达了他的精神诉求和恬淡的心境，以生活中淳朴、质真的"愚人"稚拙状态为最高修养层阶，这是对道的遵循，也是老子对他本人高度重视进道生活的陈述。通过这些描述也让读者了解了得"道"之人——老子的心理状态、生活样貌和精神境界，对得"道"之人拥有了感性认识，也可激发读者亲近"道"、向"道"之心。

喜孤独者得清静，清静方能养道。这与俗世意识相反，是"反者道之动"的存道、养道历程，所以，欲得"道"之人需要守得住清静、能够在孤独中获得欢喜之心，而不是畏惧孤独、不害怕孤独。生活中的很多艰难、困苦都只是肉体上的，只要精神尚好、灵魂能得到救赎，哪里会有孤独可言呢？正如一个不读书的人，他的眼界、格局永远会囿于一方小泥潭、一个小河沟，就像井底小蛙看不到广阔的天地，会受到极大的限制，所以，不读书的人，永远也无法想象书本中所蕴藏的强大力量，岂是一句"书中自有黄金屋，书中自有颜如玉"所能理解的？

书本不会拒绝任何人，关键在于读者的选择拾取。所以，读书是一件再公平不过、稀松平常的事情，在经年流逝的岁月长河中，书本会把催人进取的气象融入读书人的血液，书本还会把世界上最美好的时运投进读书人的生命历程中。

如果说人生是一盘棋，那么，因为您读过的书，将改变这盘棋的布局。所以，当我们迷茫、彷徨时，通过读书，我们不仅能够从书本上学习到技巧，关键是我们将学会人生的布局，读书是提升读者眼界和人格的最佳途径，读书是最能提升一个人格局的阶梯，一个人的格局往往决定着其未来的高度。一个喜欢读书的人，品格不会坏到哪里去，一个德行好的人，一生的运气不会差到哪里去。人为什么要读书？人为什么要学道？您找到答案了吧。

人应该如何学道？学道的方法之一就是向书本学习。读书、向书本学习是成本最低的投资。胡适先生❶认为，书本是对过去已经知道的知识、学问和经验的记录，通过读书可以继承人类的遗产，是获取思想材料的重要来源，足以丰富人的大脑，帮助读者应对生存环境，解决困难，摆脱碰到的困境。

孤独中得生存，孤独求道，徜徉悠哉自在生活。哈佛大学有这样一种说法，真正的学者得学会与孤独相伴，并把孤独作为自己的"新娘"，多么耐人寻味的一个用词。至少在目前，他们希望自己培养的学人，绝对不仅仅是象牙塔里能耐得住寂寞的孤独的学者，而是能够在未来世界的舞台上长袖善舞、面对各种各样的挑战能够自如应付的挑战者。相信哈佛大学这种戏谑的用词还会延续很长一段时间，并将为世人所接受。

中国历史上也不乏在孤独中顽强成长并有所作为的仁杰。汉朝历史上被后人景仰的司马迁身陷牢狱，他无视所有的非议、嘲笑，面对孤独而苟活，但是他一刻也未曾停止思考，坚持不懈地写作，才有了"史家之绝唱，无韵之离骚"的千古历史著作《史记》。人人生而孤独，只是每个人与孤独相处的方式不一样。人成长的历程其实就是学会和孤独相互依持，因为再也没有什么能比孤独更能锻炼一个人了的，只有能够享受孤独的处境，才配拥有大千世界的自由自在。

2012 年，刚刚满 49 岁的王澍获得了普利兹克奖，这是这个国际建筑奖项第一次落到中国人的手中。不妨看看他的孤独之旅。上大学的时候，他是图书馆里最耐得住寂寞、看得住孤独的"守望者"，他比同龄、同专业的任何同学都懂得孤独的滋味。毕业后，他周围的建筑师们都已经成了富豪，只有他因为对传统建筑钟爱而不鼓励拆迁、不做商业项目，也因此而曲高和寡，他整天泡在工地上和工匠们一起工作、孜孜不倦地钻研，终于获得此项殊荣。《心是孤独的猎手》❷ 一书里说道："人越是明白，越是有追求，就越孤独。"走在人生的道路上，常常想起作家张小砚说过的一句话而热泪盈眶："后来许多人问我一个人夜晚踟蹰

---

❶ 胡适（1891—1962 年），中国著名思想家、文学家、哲学家，徽州绩溪人，学名洪骍，后改名适，字适之。以倡导"白话文"、领导新文化运动闻名于世。留学美国，师从哲学家约翰·杜威，回国后受聘为北京大学教授。1918 年加入《新青年》编辑部，与陈独秀同为新文化运动的领袖。"五四"运动后，倡导改良。

❷ 卡森·麦卡勒斯.心是孤独的猎手[M].秦传安，译.北京：人民文学出版社，2018：342.

路上的心情，我想起的却不是孤单和路长，而是波澜壮阔的海洋和天空中闪耀的星光。"

孤独中生存。孤独和寂寞不一样，寂寞让你发慌，孤独让你强大，因为对内心信念的坚持，永远是你最真实、最好的模样。"举杯邀明月，对影成三人。"孤独是一个人的狂欢，尽享心灵静宁之美。不管多么孤独，也要坚守人格的高尚。享受孤独，懂得慎独，与众共生，知道慎众。

"食母"即养于道，道法是这个世界的支柱之一。老子贵道，贵天地灵气，"我欲独异于人，而贵食母"，无为的状态，弃物欲得以恢复天性的快乐，拾得天机佳境，无欲得见真物，能见道境之美妙。所以欲有所为需要学会体尝孤独，因为孤独能够激发孤独行者之创造活力，能够考验坚韧不拔的耐力和坐冷板凳的精神。

在当下，每个学人都应该深思：学会享受孤独，调动积极性挖掘潜力，进行中国视角的世界研究，传承中华文脉，学术研究不断突破人类认识的边界，做自信并快乐的优秀人才。不停留在利用现有的观点方法看待和认识世界上，不断发展自己并适应世界，不断尝试丰富自身的阅历，拥有家国情怀，以严谨求实的科学精神进行科研创新，为世界带来积极的变化。

二十一章

一、原文

孔德之容，唯道是从。道之为物，唯恍唯惚。惚兮恍兮，其中有象；恍兮惚兮，其中有物。窈兮冥兮，其中有情；其情甚真，其中有信。自今及古，其名不去，以阅众甫（fǔ）。吾何以知众甫之然哉？以此。

二、注解

孔：甚、大。

德："道"的显现与作用为"德"。

恍惚：形容疾速；（记得、听得、看得）不真切，不清楚。

以阅众甫：以观察万物的起始。阅，观察；众甫，物之始也。甫，在田里长得壮健的新苗；男子之美称也。

窈兮冥兮：深远暗昧。窈，微不可见；冥，深不可测。

情：真实之意。

信：信验，信实。

三、译文

大道的样态，随着道在转移。道这个东西，是惚惚恍恍的。那样的惚惚恍恍，其中却有迹象；那样的恍恍惚惚，其中却有实物。那样的深远暗昧，其中有真实之意；那样的暗昧深远，其中却是可信验的。自当今上溯到古代，它的名字永远不能消去，依据它才能认识万物的本始。我怎么知道万物本始的情形呢？是从"道"认识的。

四、纵横谈

末句"吾何以知众甫之然哉？以此"与首句"孔德之容，唯道是从"相呼应。本章虚心篇与第十四章赞玄篇一同描述形上之道。

道是无形的，但是具有真实存在性。道作用于物，通过物这一媒介来显现，形而上的道落实到人生层面时即为德。能生之为人，当提高个体德行之修养，以达"道"。

道与德的关系。大道眼睛看不见、耳朵听不到、双手摸不着，所以"道"不可以简单地以言以形而论，只有通过人类大脑的思维，运用头脑的意识去认识和感知道的存在。道无不承载，道外显于德，所以德在昭示道，德是道的体现，是我们能够观察到的人心脑思想意识的外显，以人的言语、举止行为作为表征。所以，如果不借用德，我们就不能如此形象地了解道之丰富内涵。

甲骨文"德"字是一只眼睛在看木桩的影子运行。"德"字最早的本意是七曜（日月金木水火土星）的运行轨迹。德字的含义，即是站在天文观象台中心点用眼睛观看七曜的运行。引申为顺应自然、社会、人类，遵循自然界的客观规律做事。"德"字在金文中的会意更加全面，"目"下面又加了个"心"，也就是说，遵循本心、顺乎自然就是"德"。所以，可以说德字就是对道、对自然界和人类社会规律的认识、理解和践行。

本章"道之为物，唯恍唯惚"与二十章异俗篇"惚兮其若海，恍兮若无止"同用"惚恍"来描述"道"。本章"惚兮恍兮，其中有象；恍兮惚兮，其中有物。窈兮冥兮，其中有情；其情甚真，其中有信"，老子用诗歌一样的语言对道的属性特征进行了生动描述，同时又借用拟人手法对道进行了生化机理的形象比喻，让读者在呼吸中感受道的无处不存。

从道、守道，爱护自然，留得青山在。驻足欣赏宇宙间的美丽景色，迷蒙烟雾升腾在草丛上，白云蓝天倒映在湖泊中，静时听林间松韵、石上泉声，识得天地自然鸣佩并与之相和；闲中观草际烟光、水心云影，见乾坤展露精致文赋，用心体会大自然的曼妙乐章，山林中松涛阵阵、泉石间溪流潺潺，这是自然界对我们的馈赠。所以，当呵护自然，遵守天道。

在自然、天道的面前，人类虚心、谦虚永远都不过时。登高必自卑，越是博大就越是谦卑，因为只有站在高处，方能感知到自身的渺小，正如读的书越多的人越觉得自己无知，因为发现有太多的书是自己尚未读的，而且等待阅读的书目浩瀚无垠，未知的范围也越来越大，有更多新的领域需要去认识，哪里能骄傲呢？

因为道有象、有物、有情、有信，所以，道真实不虚。坚定信道的信念，矢志不渝地守道，并遵循道，学会观察、思考道，培养与天地万物沟通的能力，并将道发扬光大。

道之永存，"自今及古，其名不去，以阅众甫"。

二十二章

一、原文

曲则全，枉（wǎng）则正，洼则盈，敝则新，少则得，多则惑。是以圣人抱一为天下式。不自见（xiàn），故明；不自是，故彰；不自伐，故有功；不自矜（jīn），故长（cháng）。夫唯不争，故天下莫能与之争。古之所谓曲则全者，岂虚言哉？诚全而归之。

二、注解

枉：弯曲或歪斜，比喻错误或偏差。

一：道。

式：法式，范式。

不自见：自现，自显于众，自炫。

伐：自夸。

矜：自尊自大，自夸。

长：长久。

三、译文

委曲反能保全，屈就反能伸展，低洼反能充盈，破旧反能生新，少取反能多得，贪多反而迷惑。所以有道的人坚守这一原则作为天下事理的范式。不自我表扬，反能显明；不自以为是，反能彰显；不自己夸耀，反能建功；不自我矜持，反能长久。

正因为不跟人争，所以天下没有人和他争。古人所说的"委曲可以保全"的话，怎么会是空话呢！它实实在在能够达到。

四、纵横谈

本章益谦篇"圣人抱一为天下式",十章能为篇"载营魄抱一,能无离开乎?",十四章赞玄篇"'一'者其上不曒,其下不昧,绳绳不可名,复归于无物"。"一",玄,老子道家抱一而独善。

"曲则全",重实干并埋头积累,"枉则正",避免正面交锋,尽快尽速实现目标谓"直"。"洼则盈,敝则新",虚心、上进,可以让自己日新,谨防画地为牢、止步不前。

本章"夫唯不争,故天下莫能与之争"和第八章易性篇"水善利万物而不争,处众人之所恶,故几于道……夫唯不争,故无尤",同谈"不争",不争则无不能争。

争,是指心态上没有迂回、固守并追求"正面"目标的实现。所以,学会逆向思维,懂得变通,换个角度思考,换一种方式思维,看清趋势,顺势而为,将劣势转变为优势。

争与忍是相对而言的。学会"忍",忍气者自安,宽容、容忍,能容得下天下他人装不下的事情和委曲,不是简单地迁就他人,而是懂得吃亏的道理,拥有大的格局就是拥有了生存和幸福的必须品,"曲则全,枉则正",因为做到了"委曲",所以反能"保全"。

学忍,从管理情绪学起。其实,在世间做任何事情、做任何职业都可以修忍,认定外面的一切处境都是对自己考验的境况、情势,同道、同心的人是恩师、良友,志向不同、情趣不相投的人也是来陪练我们能力的同修,对他们也要表示感恩之心。倘若发脾气,魔障立马现前,就会说不中听的鬼话,一念嗔怒心起,百万障碍门将挡住前行的路途,俗语讲"道高一尺,魔高一丈",因此,时刻提醒自心这是对自己的考验,明了此刻面对的外面的境界都是自己的头脑没有思考明白,心理尚且不适应,因而表现出不适合的语言欲从口中流露,如果不经历外面情势的考验怎么能够获得如此进步?乱发脾气不能解决问题,应学着"止"怒用忍。处境有顺逆之不同,心里要明白,此刻与自己心境不相应的这些场景都是对自己的考试,考验自己是否能够很好地管理、驾驭自己的情绪,是否可以掌控、管理好自己的言语、举止。

许多人处事不会用"忍"。在处理事务时会喜欢用情绪压制他人,大发脾气,在强大的愤怒情绪流窜中周遭暂时会变得"安静"一会儿,可这不是真正的控制局面的能力,那么如何做才能拥有真正的控制能力呢?

培养自己的定力,具备能够安静下来思考问题的能力。遇到事情先别急于调动愤怒的情绪,强大的情绪流会破坏自己的思考力,所以学着做在容忍中善于思考的人。"忍"住,可以从几分钟的时长练起,在生活中检视自己的自控能力,逐渐地延长自己"忍"的时间间隔，学着自律，学会掌控自己。需要明白的是，多数时候，我们没有办法去改变别人，但是我们可以试着改变自己，尝试培养自己高度的自律能力，这可以从把握自己的情绪开始，从"忍"字练起，以此来培养自己的定力。

在容忍中培养自己专注的能力。专注能力对于局面的控制和把握极其重要，专注力可以降低大脑因害怕失败的不良思绪所引发的恐惧情绪流，提高我们处理问题的果断品质，帮助我们驱除畏惧的心理，勇敢地面对复杂局势。学着"忍"住不佳念头，擒拿得住妄想的执念，将注意力集中在要解决的问题上，在学"忍"中锻炼自己专注的能力。

在容忍中培养自己微笑的能力。别忘了微笑能够调节情绪，学会微笑，因为微笑不用成本但能够创造财富，微笑使人美丽，对于学"忍"的自己，奖励自己一个满意的微笑，能达到破泣而笑是境界的提升，是乐观对待难题的姿态，试着将笑脸送给你的对手，记着辅以赞美的言辞。千万不要吝啬给予他人赞美，赞美不用花钱，但能产生力量，所以，请运用微笑和赞美及时传递正能量，帮助自己解决问题。不吝惜对同行者的微笑与赞美，这是学"忍"者的进步表现。

本章论述从俗世返还真朴境界的必经之路——忍辱、忍耐侮辱，方能"弱"肩担"道"义，柔弱胜刚强。"不自见，故明；不自是，故彰；不自伐，故有功；不自矜，故长。夫唯不争，故天下莫能与之争。古之所谓曲则全者，岂虚言哉？诚全而归之。"

处事用忍、谦让是一种高尚的行为。"用忍"与"谦让"就是在不能活的时候再换一种活法。但是，要坚持原则、要有底线，不是简单地妥协与退让。所以应当保持适度的谦让与容忍，否则谦让过分就会显得卑躬屈膝、谨小慎微，即使是嘉言懿❶（yì）行也会因此而让美好的场景逊色。

做到"忍"，需要耐心和理智。合理的忍耐，理智地处理，顾全大局，不卑不亢，同时进行思想上的宣传与发动，时机适当时动用武力进行武装反击，所以，忍是理智与耐心的产物。

相互包容才能成就一个集体。能忍者，乃大勇者也，任凭风浪起，稳坐钓鱼船，见辱而不惊；而匹夫见辱，则拔剑而出。含义忍垢，忍辱负重，即使被忽视、被排挤、被冷落，暂时的逆来顺受，委曲求全，但是并非简单地忍辱偷安。因为遇事用忍，能够忍人所不能忍，则能够保持静定。不计是非人我，即获得大忍辱，不复妄想驰逐，即获得大禅定，不为他歧所惑，就可以获得大智慧。为道求慧，作善修福，经常读书，翻阅经典，知识是一种美德，拥有知识

---

❶ 懿：指美好，多指德行方面；特用以称美妇女。例如，懿范、懿旨。

就是拥有了美德，受持经典、读书也是修慧，遵法守纪、严持戒律就是修福，双管齐下则是福慧双修。苦也好，悲也罢，看似一团麻，无头绪、无止境，但是，到最后，所有的挣扎与无助，所有的负累和隐忍，都将是上天赐予我们的一份厚礼，"天将降大任于斯人也，必先苦其心志，劳其筋骨，饿其体肤，空乏其身，行拂乱其所为，然后动心忍性，增益其所不能"，未来漫漫人生路将因此而光明。

二十三章

一、原文

希言自然。飘风不终朝，骤雨不终日。孰为此者？天地。尚不能久，而况于人乎？故从事于道者，同于道，德者同于德，失者同于失。同于德者，道亦得之，同于失者，道亦失之。信不足焉，有不信焉。

二、注解

言：声教法令。希言：少说话。深层意思是不施加政令。
飘风：强风，大风。
骤雨：急雨，暴雨。
失：失道，失德。
信不足焉，有不信焉：王本、河上本有此句，新校本无此句。❶

三、译文

少发教令是合于自然的。狂风刮不到一早晨，暴雨下不了一整天。谁使它这样的？是天地。天地的狂暴都不能持久，何况人呢？所以从事于道的人，就合于道，从事于德的人就合于德，表现失道的人就会丧失所有。同于德的行为，道会得到他；行为失德的，道也会抛弃他。统治者的诚信不足，人民自然不相信他。

四、纵横谈

本章虚无篇主张开掘百姓的主观能动性，挖掘民众自身的潜能。老子指出"侯王"、居上位者、领导者治理国家出台国策当慎重，以取得民众的支持，同时也导引普通百姓顺应"自然"劳作、为人做事。

---

❶ 参见：杨丙安 . 老子古本合校 [M]. 北京：中华书局，2014：104-105. 十七章淳风中有此句"信不足，焉有不信"。

居上位者、领导者少发政令，倘若政令颁发当润物细无声。让依道修为成为百姓的一种自觉，逐步走向天下大同之治。汉朝时"萧规曹随"的典故即是应用这一方法非常好的明证。汉王朝建立之初，人民饱受战乱之苦，百废待兴、百业待举，国家迫切需要休养生息，强力恢复以发展经济。丞相萧何关注民生，顺应民意，按照民心所指向，制定了鼓励民众积极劳作生产的系列措施。汉惠帝时，曹参做了丞相，身为丞相的曹参深入民间对社会环境进行了认真地考察，当他发现萧何丞相所制定的政策与他所面对的时政仍相适应，于是丞相曹参审时度势，采取我无为而民有为、"无为而治"的策略，"萧规曹随"的佳话随之流传至今。曹参在汉朝廷担任丞相3年，极力主张清静无为不扰民，促使西汉政治稳定、经济发展、人民生活水平日渐提高，民生得到改善。

适度地推行政令，施加声教法令，以增强仪式感。不发政令则已，如果情势需要，那一定得注意修口德。因为语音的力量无穷，足以影响说话人的风水。心底有爱，口下积德，传递发自心底里的善良，如果说聪明是一种天赋的话，那么，善良则是一种选择。好的语气就像明媚的笑容，是刻在骨子里的教养，不会让他人尴尬，而且，好的语气会拥有直抵人内心深处的力量。所以，越是工作中朝夕相处的同事、越是亲近的家人，也越是能够考验我们说话的语气、方式和言辞，人间善意的关照、相互的守望从与同事、亲人的交流开始，尤其是与职位不如自己的朋友、同事交流时更应该注意交流的语气、方式和用语。当众人士的善意汇成一股强大、温柔的暖流时，工作将因此而变得顺利，人际关系将因此而变得融洽，家庭也将因此而变得更加温馨，好的风水会因我们的口德围绕着我们，世界多美好，从眼前的修为开始。

无为而治。无为是针对统治者、执政者、管理者而言，意思是要少干涉，有所为有所不为，君无为而臣民有所为。因为每一个人都有管理好自己的能力，让一切顺其自然，让百姓自己发展，统治者只给予指导和匡正。作为者，顺势而为，顺着形势实现目标。"无为"与"自然"比肩，圣人无为，即圣人考虑了彼时彼地的社会处境，不随意作为，绝伪弃虑，即摒弃不合乎道的念头、不要阴谋，遵道贵德、修德以真，让民众自己向前进步，各项事业在民众有为中向前发展、进化；圣人无事，即圣人不以一己的嗜好而生发事端肆意地妄为，绝智弃辩，即绝弃伪诈巧辩、多变无稽之谈，让民众自己在自然的劳作中致富，圣人则保持低调、简朴、淡泊、平常之心，百姓则得福获益也。

汉文帝刘恒掌朝时停止了所有的对外战争，不再大兴土木，不干扰老百姓的生活，民间贸易自由发展，百姓的命运得到改变，西汉走上了发展的轨道。窦太后是中国历史上著名的黄老思想统治者。汉文帝、汉景帝四十一年的治理，以"无为"之治休养生息，迎来了汉帝国的太平盛世，开创了"文景之治"的盛况。

公元前 141 年汉武帝刘彻继位，年仅 16 岁，是一位充满雄心壮志的少年，欲推行儒家政策，重用申公，起用王臧、赵宛。公元前 135 年，窦太后去世成为西汉帝国统治方针的分水岭，帝国的国策由无为变为有为，武帝为了地位与尊荣要将汉风刮遍四方，汉帝国威名播照万里，大汉铁骑所向披靡，在声讨攻伐中武帝的荣耀与尊荣体现得淋漓尽致。汉武帝四十年的对匈奴作战把文景以来七十多年的积蓄消耗，社会财富大量损失，汉武帝六十六岁终止了对外战争，在颓唐枯竭的国力中其梦想无可奈何地破灭，公元前 89 年，长安城未央宫的细雨中汉武帝颁布了中国历史上第一道皇帝《罪己诏》，决定停止苛暴的政策，不再随便征战，全力从事农业生产。天下万物不能凭一人的欲望而有所改变，轻易妄为地发号施令，这样会让国家处于动荡之中，注定会让君主失败，公元前 89 年，在苦闷与自责中汉武帝停止了呼吸。

本章"希言自然"可以与十七章淳风篇"犹兮其贵言。功成事遂，百姓皆谓：'我自然'"相比对。此观点在三十八章论德篇"前识者，道之华，而愚之首。是以大丈夫居其厚，不居其薄；居其实，不居其华。故去彼取此"中也有所体现。

本章上承十七章淳风篇"信不足，焉有不信"，倡导遵守承诺、守信，"侯王"、执政者所言说，当令众悦服，而非虚情假意、敷衍应酬、虚蛇逶迤，若民众悦服其政令，则民众生信得乐，信而不疑且实信实行。

中华民族在长期实践中培育和形成了独特的思想理念和道德规范，有重民本、守诚信、讲辩证等传统美德。

二十四章

一、原文

企者不立，跨者不行，自见（xiàn）者不明，自是者不彰，自伐者无功，自矜（jīn）者不长（cháng）。其在道也，曰余食赘（zhuì）行，物或恶之，故有道者不处。

二、注解

二十四章：此章河上题作《苦恩第二十四》。帛书此章在二十一章之后，高明《校注》作二十二章 ❶。

企：同跂，踮起脚跟，翘起脚尖。

---

❶ 参见：杨丙安. 老子古本合校 [M]. 北京：中华书局，2014：106.

跨：跃，越，阔步而行。

余食赘行：剩饭赘瘤。行通形。赘，多余的，多而无用的。

三、译文

踮起脚跟是站不牢的，跨步前进是走不远的，自逞己见的反而不得自明，自以为是的反而不得彰显，自己夸耀的反而不得见功，自我矜持的反而不得长久。从道的观点来看，这些急躁炫耀的行为都是剩饭赘瘤，惹人厌烦。所以有道的人不这样做。

四、纵横谈

自见、自是、自伐和自矜的行为皆有轻举躁动之嫌。正如"企者不立，跨者不行"这些与自然相反、违背规律的行径。决策者当考虑政策的连续性，不可朝令夕改，更要戒躁、戒自炫，忌讳做表面文章，反对搞"面子"工程，谨记：戒好大喜功。

在道与行于道。举步向前，迈步渐进，注意步伐、步速，前进道路中，有时步幅减小，改走小碎步以方便启动下一步。

本章苦恩篇，当反省自身的习气，向道修心，减少成长、发展过程中的烦恼，少留遗憾。

二十五章

一、原文

有物混成，先天地生，寂兮廖（liáo）兮，独立而不改，周行而不殆，可以为天地母。吾不知其名，字之曰道，强为之名曰大。大曰逝，逝曰远，远曰反。故道大，天大，地大，王亦大。域中有四大，而王居其一焉。人法地，地法天，天法道，道法自然。

二、注解

寂兮廖兮：寂兮，静而无形。廖兮，动而无形。寂廖，寂静，空旷。

独立而不改：形容道的绝对性和永存性。

周行而不殆：周行，全面，循环运行。周，周遍，普遍，环绕。不殆，不息。殆通息。

大：形容"道"没有边际，无所不包。

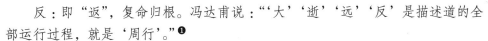

反：即"返"，复命归根。冯达甫说："'大''逝''远''反'是描述道的全部运行过程，就是'周行'。"❶

王：此处用"王"显有尊君之意，王亦人也。人为万物之灵，与天地并立为"三才"，故人身任斯"道"，故人亦大也。老子有民本思想，亦不能说就毫无尊君意识。❷

逝：指"道"的进行，周流不息。

域中：空间之中，即宇宙之中。

道法自然：道纯任自然，自己如此。

三、译文

有一个混然一体的东西，在天地形成以前就存在。听不见它的声音也看不着它的形体，它独立长存而永不休止，循环运行而生生不息，可以为天地万物的根源。我不知道它的名字，叫它作"道"，勉强给它起个名字叫"大"。它广大无边而周流不息，周流不息而伸展遥远，伸展遥远而返回本原。所以说：道大、天大、地大、王也大。宇宙间有四大，而王是四大之一。人取法地，地取法天，天取法道，道纯任自然。

四、纵横谈

"自然"是老子哲学的基本精神，"道""天""地""人"这四大体自然而行。

老子对自然界万物具有高超的观察能力，描述高深、周行的"道"时仅仅用"大、逝、远、反"四个字就将一幅动态、立体、螺旋、循环运行的画面展现在读者面前，尽述了道的渐趋渐长、由近及远、高深莫测的变幻、运行过程。

道法自然。道行素自然，莫要跨越，人身外无道，心外无法，向自身内心深处求索，若人人身心能够依道遵法，则事事无心，事事行，心不存事，看得开，放得下，就能展开无为而治的局面。

本章象元篇讲述了道法自然的道理，天道中的法，只认道，不认俗心。

❶ 转引自：陈鼓应．老子今注今译 [M]．北京：商务印书馆，2003：171.

❷ 参考：杨丙安．老子古本合校 [M]．北京：中华书局，2014：112-113.

二十六章

一、原文

重为轻根，静为躁君。是以君子终日行，不离辎重。虽有荣观（guàn），燕处超然。奈何万乘之主而以身轻天下？轻则失本，躁则失君。

二、注解

静为躁君：以静制动。

君子：圣人。

辎重：军中载器械粮食的车；《现代汉语词典》今译"辎重"即行军时由运输部队携带的军械、粮草、被服等物资。辎重，君子终日行持静持重，虽有荣观不为侍。

荣观：华丽的生活。荣，豪华，高大。观，台观，楼观，景象或样子。

燕处：安居。

万乘之主：大国的君主。乘，车数。万乘，拥有兵车万辆的大国。

以身轻天下：担当着天下的重任而轻用自己的生命。

本：根。

三、译文

厚重是轻浮的根本，沉静是躁动的主宰。因此君子整天行走离不开载重的车辆。虽然有华丽的生活，却安居泰然。为什么身为大国的君主，还轻率躁动以治天下呢？轻率就失去了根本，躁动就失去了主体。

四、纵横谈

做人、做事稳重、沉静。持"重"者，以"重"贵，恒"静"者，以"静"为重。

为而不恃，追求淳朴。本章重德篇"虽有荣观，燕处超然"。正如八十章独立篇所言，"使民重死而不远徙""虽有舟舆，无所乘之；虽有甲兵无所陈之"。

修身首要落脚点是自重与自尊。莫作轻贱骨头肉，重德行不骄傲、不狂妄。行事深思熟虑，忌轻举妄动，边前行，边咂摸、改进，摸着石头过河，按照具体情况进行具体的策略分析。

"虽有荣观，燕处超然"，拥有超于物外的心情。燕，通常作"晏"，安静的意思。终日行不离辎重，持静持重地前行中不可一日没有负重致远的责任心，无论何时何地都要心存济世救人的责任感，知谨慎恐惧、知奋发图强的自处之道。不以身轻天下，学会自重，经得住功名利禄、财色物欲的考验，做养道用德的奉献者，成为驾驭道法的主人，不"失根"，就不会伤及道德之本，不"失君"，就不会损失元神智慧，这样做就不会将人之为人之灵性消殒殆尽。

二十七章

一、原文

善行无辙迹，善言无瑕谪，善数不用筹策，善闭无关楗而不可开，善结无绳约而不可解。是以圣人常善救人，故无弃人；常善救物，故无弃物。是谓袭明。故善人，不善人之师；不善人，善人之资。不贵其师，不爱其资，虽智大迷，是谓要妙。

二、注解

辙迹：痕迹。辙，轨迹。迹，足迹。

善言：善于行"不言之教"。

瑕谪：过失，疵病。瑕，玉石之病，即玉病。谪，罚也，责也。

数：计算。

筹策：古时候计数的器具。

关楗：栓梢。

绳约：绳索。约，绳，索。

袭明："袭"即承袭，有保持或含藏之意；"明"是指了解道的智慧。"袭明"谓因顺常道也。

要妙：精要玄妙。

三、译文

善于行走的不留痕迹，善于言谈的没有过失，善于计算的不用筹码，善于关闭的不用栓梢却使人不能开；善于捆缚的不用绳索却使人不能解。因此，有道的人总是善于做到人尽其才，所以没有被遗弃的人；总是善于做到物尽其用，所以没有被废弃的物。这就叫作因顺常道保持明镜。所以善人可以作为不善人的老师，不善人可以作为善人的借镜❶。不尊重他的老师，不珍惜他的借镜，虽然自以为聪明，其实是大迷糊。它真是个精要深奥的道理。

四、纵横谈

本章巧用篇论述"善"的用法。

用法一，"善行、善言、善数、善闭、善结，善救人、善救物"是谓袭明，这其中的"善"是对其后面被修饰词的形容，"善"字可以理解为"好的"，或者"善于"。

用法二，"故善人，不善人之师；不善人，善人之资。"此中"善"字是对人性情的描述，"良善"，或者"不善"。

第八章易性篇也用了多个"善"字来描写水性，"上善若水""居善地，心善渊，与善人，言善信，正善治，事善能，动善时"，同时，四十九章任德篇也用到了"善"字，"善者，吾善之；不善者，吾亦善之，得善矣"。

人人平等的原则。七十七章天道篇"天之道""有余者损之，不足者补之"；三十二章圣德篇"天地相合，以降甘露，民莫之令而自均"；本章巧用篇"是以圣人常善救人，故无弃人；常善救物，故无弃物"。人尽其才，物尽其用，与我们社会主义国家"为人民谋幸福"的宗旨一致，关心并救助弱势群体，全体国民走共同富裕的道路。对待弱者的态度体现着一个人、一个国家国民的素质；换个角度讲，国民的形象也足以彰显一国之威和综合国力。

圣人无分别心，圣人常善救人。圣人胸怀宽广，包容性强大，站位高远，境界至佳，所以行事能够善巧方便，故无弃人，圣人也善救物，故无弃物，能做到物尽其用。

对于教育工作者而言，眼中无"差""劣"学生，尤其是基础教育阶段，开掘被教育者的潜力，引导大家互相学习、借鉴，以便更快地成长、更好地发展。

最好的教育就是父母的言传身教。对于家长而言，想要孩子成为什么素养的人，首先家长就得成为具备什么素养的父母，"孟母三迁"的故事时时、年年上演，无数的父母希望把孩子送去最好的学校，接受最好的教育，拼尽全力给孩子创造最好的教育环境，但是却往往忽略了一件家常的事情，对孩子来说，父母才是孩子最好的老师，再好的名校都比不上父母对孩子的言传身教。

"长善救失"出自《礼记·学记》："学者有四失，教者必知之。人之学也，或失则多，或失则寡，或失则易，或失则止。此四者，心之莫同也。知其心，然后能救其失也，教也者，长善而救其失者也。"学习的人有四种毛病，或者说是不足之处，教育别人、传授知识的人一定要知道。主要是人的学习态度，有的人

---

❶ 借镜：可资借鉴。跟别的人或事相对照，以便取长补短或吸取教训。

贪多求快，囫囵吞枣、不求甚解；有的人蜻蜓点水，浅尝辄止、孤寡浅陋，视野不够开阔；有的人急于求成，专找捷径，表现为方读此，忽而又慕彼，此未终，彼已起；有的人畏首畏尾，遇难即止。这四种毛病，表现的形式没有完全相同的。教书的人要知道这些人的心思，对症下药，纠正学生的这类毛病。所谓"长善"就是要善于发现被教育者的优点和长处，并精心加以培植与呵护，使其不断发扬光大；所谓"救失"，就是正确认识与把握被教育者的缺点与不足，并通过耐心地教育，帮助他们克服和改正。长善救失，即救其失，则擅长矣。所以教书的人要善于发现学生的不足和错误，并加以纠正和指导，重视因材施教，善于因势利导，弥补缺点并加以转化，并着力培养学生更多的优点。

长善救失体现德的玄妙性。德在运作时，体现不同的特征，德作为一种能量可以润身，不间断地积德，正能量就化育在天地间，自身善的能量也在传递。德性、德行好，那么修道人的道行就会加深。学道、修道、行道是一个整合的、统一的过程。

辩证地理解善与不善。宽容理解所有人存世的价值，天不生无禄之人，地不长无名之草，"不善人，善人之资"，行善者观察不善者的行为，有则改之无则加勉，得以修正出自己的"道"果，所以，"善人，不善人之师"。

善良，是我们为自己也是为后人留下的行路指向标。无论潦倒还是富有，都是我们行走世间的通行证。人性的美好，远远超出我们的想象。这个世界上，从来就没有谁比谁活得容易，但是会有谁比谁活得有价值。做真正的强者，把地狱装扮成天堂，将生活的苦难悉数收下，然后用善良和坚强来装点、打扮生活。纵然人身在街头巷尾流浪，心却住在天堂。

良心是每个人心中一把尖锐的利器。试试看，利己的心思一动，利器即行，首先割疼的是自己。所以，吃点亏，受点委屈是一种踏实的、真正的修为，比起当个麻木不仁、得过且过的"聪明人"，更容易懂得人活着的目的，做一个有良心的人，不是为了赢得什么褒奖，只是求个内心的安宁。

善是人性、是灵魂居处所蕴藏的一种最高贵、最柔和、最感人的情谊，拥有善良的人将坐拥天下最有力量的情怀。上善若水，平静的水，具备"处下"的性质，修心如水以悟性，善是道性的一种表达方式。当个体的精神专注在光明而且美好的事物或者境界时，自然而然地美好而且光明的事物就趋向、簇拥这一个体，也因此，向善的个体其正能量时时会传递着信息，被吸引过来的事物也显露着正能量，这样的个体往往具备较强的自律性，也将成为聚集并传递正能量的集大成者。

高尚的人格来自实践。有善念，天必佑之，周围的环境和人就是自己的"天"。你付出了善良，或许不会马上得到回报，但一定会在另外的、不期而遇的时间、空间汇合处，在未来某一个时间、空间的节点上得以弥补。不管如何艰难，我们都应该坚持善良。玉汝于成，艰难困苦会磨砺我们坚强的意志，做到善良比聪明难，如果说聪明是一种天赋的话，那么善良是我们做事情时候的一种选择，保住我们的善良是艰难的抉择，也是真坚强。一直善良下去，不问得失，只安自心，生活自有自己的因果循环，它不满足于任何人的私心贪欲。人存善念心诚则灵，可以感应天地，能够化腐朽为神奇，这无足为奇，所以，高尚的人格是做出来的。

莫轻小善，以为无福。"勿以善小而不为"，水滴虽微，渐盈大器。世上所有的善报、福气，都是你积攒的善良、付出的努力，是磨炼意志的累累硕果。

播种善良。心田上播下善良的种子，总有一天，会开花结果。一个小的岗位、一个低的职务、一家小的公司，多做点好事，不用为了扬名，只要让住持者心安。由小到大，从弱变强，如果做得一直顺利，这一切都离不开住持者的每一个善念，每一次善行。所以，做了好事心得安宁。

用善。行动中发挥"善"性，减少一分物欲，就会增加一分道性，保养身体的能量也会增加一分。减少一分心外的物欲，则道气向身心内境聚一分道力，奉献好德性，就会让生命长久，不妨一试呀！

择善而从，改过迁善，求自新，不善即改，回邪向善。"善"中隐藏着真诚的心念，真诚令人信服，真诚之行中功德隐形，体现着"道"的隐忍性，同时，"善"中也隐藏着无私和奉献精神。善是道的演化，"善言"是道性的表达方式之一，遵道的言辞即"善言"具有穿透力，能给人送去一缕光明、一团暖意，能够挽救人心，能够救人于水火之中。立德者、行善者皆是"道"的使者，多做善事，就是在立德，即便是看似寻常的小事或者是微言："善言无瑕谪"，使用富有正向意义的言辞，给人增添力量，给人鼓舞，用语言为人解惑、施人与无畏，让对方放下恐惧心理，可令环境祥和、温暖，让人心情喜悦。

"善救人"，救其精神，助人自助，人尽其才；善救物，无弃物，物尽其用；"善行"无辙迹，行"道"者和光同尘，大道无形，善"隐"无名，做好事不求留名。此生做人不修为，更待何时！良言善行、修言正行从当下开始。

二十八章

一、原文

知其雄，守其雌，为天下谿（xī）；为天下谿，常德不离；常德不离，复归于婴儿。知其白，守其黑，为天下式；为天下式，常德不忒（tè）；常德不忒，

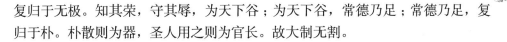

复归于无极。知其荣，守其辱，为天下谷；为天下谷，常德乃足；常德乃足，复归于朴。朴散则为器，圣人用之则为官长。故大制无割。

二、注解

反朴：反同"返"，返璞归真。

知其雄，守其雌："雄"譬喻刚动、躁进。"雌"譬喻柔静、谦下。

谿：同"徯"，徯径（亦作"蹊径"）。言默守雌静，当为天下所遵循之蹊径；谿又同"溪"，山里的小河沟，泛指小河沟。避免与下文之"谷"义重复，故不用。

忒：差错。

器：物，指万物。

圣人用之：之，指朴。

官长：百官的首长，指君主。

大制：完善的政治。

无割：不断裂。

三、译文

深知雄强，却安于慈柔，作为天下所遵循的蹊径；作为天下所遵循的蹊径，常德就不会离，而回复到婴儿的状态。深知明亮，却安于暧昧，作为天下的范式；作为天下的范式，常德没有差错；常德没有差错，复归于原始无名的状态。深知荣光，却安于辱没，作为天下的川谷；作为天下的川谷，常德才可以充足；常德充足而回复到真朴的状态。真朴的道分散成万物，有道的人沿用真朴，则为百官的首长。所以完善的政治是不割裂的。

四、纵横谈

执政者整顿吏治、为官入仕的管理者做事，当明雄雌，晓黑白，知荣辱。"知白晓黑""知荣明辱""知雄守雌"，边体道边做事。

本章返朴篇，在知其"雄"、知其"白"、知其"荣"明白事理的前提下，当守其"雌"、守其"黑"、守其"辱"，准备好不以自己个人的喜好来处理问题。进行修为的过程中，善于站在全局的高度，考虑对方的情况，知彼知己，从客观事实出发来解决问题，同时，尝试着将自己的心态调理好，学着宽容为怀，锻炼心性，返璞归真。

"大制无割"，完善的政治是不割裂的，就像练就的"口吐莲花"的功夫，话多少暂且不论，好言一句暖三冬，口说一句好话如口吐莲花，出口的话语不伤人。四十一章同异篇"大方无隅",五十八章顺化篇"是以圣人方而不割",亦同此道理。"大制无割",从逻辑思考的角度而言,相对完善的政治、互为一体的原则不能分割开,否则处理事情时将难以把握全局、高屋建瓴。

本章短短几十个字,三段中皆谈到"常德"。常德就是奉献不停止,像溪水常流常新,常进常出不间断,积累小德性成就大德行,永无止境。若常德不离,可"复归于婴儿",淳朴无欲,心境空虚,思维活泼,身心康健。

朴是对道法的践行。践行道法中若返还于"朴"的状态,那么可以第一时间感知到来自万物的信息,"朴散则为器","朴"本身就是道法❶,含有在累功积德的过程中积累的能量,此能量散于万物。三十二章圣德篇有言"道常无名,朴;虽小,天下莫敢臣。侯王若能守之,万物将自宾"。

二十九章

一、原文

将欲取天下而为之,吾见其不得已。天下神器,不可为也,不可执也;为者败之,执者失之。夫物或行或随,或歔(xū)或吹,或强或羸(léi),或培或隳(huī)。是以圣人去甚,去奢,去泰。

二、注解

天下神器:天下是神圣的东西。天下,可说是天下人,因为人不可不谓之神物。神器,神圣的东西。

歔:歔与吹相应,出气急曰吹,出气缓曰歔。

羸:瘦弱。

隳:危也,毁坏。

甚:极端的。"河上公注:'甚谓贪淫声音,奢谓服饰饮食,泰谓宫室台榭。'"❷

泰:过度的。

三、译文

想要治理天下却用强力去做,我看他是不能达到目的的了。"天下"是神圣的东西,不能出于强力,不能加以把持;出于强力的一定会失败,加以把持的一定会失去。世人性情不一样:有的行前、有的随后,有的性缓、有的性急,有的

❶ 元君.道德经:生命的智慧 [M].北京:中央编译出版社,2014:53.
❷ 转引自:陈鼓应.老子今注今译 [M].北京:商务印书馆,2003:190.

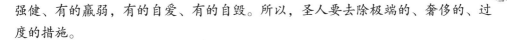

强健、有的羸弱，有的自爱、有的自毁。所以，圣人要去除极端的、奢侈的、过度的措施。

四、纵横谈

圣人明晓人事参差，所以能够畅达自然之性、万物之情。圣人做事因任万物、人事之自然，条顺之而不强施，因之而非强加外力为之。治国、为政、用权时，执政者调用国之重器，凡事把握一个度。凡成大事者，喜怒不形于色，态度适宜不温不火从容而为，不能心急火燎，做得到心态平和，方能客观、公正地去处理烦琐、复杂的事件。本章谈及"用道"，主张去欲无我忘我，心性中去欲，是以圣人"去甚、去奢、去泰"。

执政者结合具体情况因势象形地制定政策、法令或制度以尊重万物之差异性和特殊性。政策、法令或制度执行时，不搞对立，不制造矛盾，选用合适的方式和方法以减少摩擦、缓和矛盾。运用政策、法令或制度进行管理时，对管理对象首先进行考察，解决问题时结合具体势态，可以套用一句教育教学中的"因材施教"原则来理解，切忌指手画脚，从而造成脱离实际的不良后果，以避免对问题的解决带来更大的困惑或障碍。

二十八章反朴篇、二十九章无为篇为官执政，体恤百姓。贯彻政策、法令或制度时似雨露滴注、浸润，精准施策。亲民，常于民间"巡视"，体察民情以了解民意，对民众经常施与教化，促使民众性情返朴。

集合《道德经》语词涉及"无为"的篇章：本章无为篇"天下神器，不可为也"；三十七章为政篇"道常无为也，侯王若能守之，万物将自化"；四十三章徧用篇"吾是以知无为之有益。不言之教，无为之益，天下希及之"；四十八章忘知篇"无为而无不为。取天下者常以无事"。

在中国传统文化中，马代表勇往直前，羊代表和顺。在现实生活中，如果一个人只顾自己直奔目标，不顾及周围环境，必然会和周围不断磕碰，最后不见得能达到目的；如果光顾及和顺，可能连前进的方向都失去了。所以，勇往直前的精神一定要与"和顺"结合在一起，正如中国人把十二生肖里的马和羊的特性结合在一起，这也是我们的祖先借助这组生肖对后人的忠告和提醒。

有所为有所不为。欲作为者，可以顺应形势达成预期的目的，以无为之心作功、成就事情，如此意识一旦产生，事件会顺应无为之意发展。若心事重重，心气不通，就不会有空灵的境界产生。无为，无念念，无修修，因循自然，但并非放逸。曾文正公有言，人败离不了一个逸字，所以，无论做人或经营事情不能放任自流，若"言将行违"，即使有为也将无所成就。

三十章

一、原文

以道佐人主者，不以兵强于天下，其事好还。师之所处，荆棘生焉。[大军之后，必有凶年]。善者，果而已，不以取强焉。果而勿骄，果而勿矜（jīn），果而勿伐，果而不得已，是谓果而勿强。物壮则老，是谓不道，不道早已。

二、注解

其事好还：用兵这件事一定会得到还报。还，还报。
大军之后，必有凶年：新校本无此句❶。
善者：善用兵者。
果：果，效果，目的达到之意。
矜：多音字。读 jīn 的时候表示怜悯、怜惜，另有自尊自大、自夸或深重、拘谨的意思。读 qín 时解释为矛柄。读 guān 时同"鳏"，泛指无妻子或丧失妻子的人。
壮：武力兴暴。
不道：不合于道。
早已：早死。

三、译文

用道辅助君主的人，不靠兵力逞强于天下，用兵这件事一定会得到还报。军队所到的地方，荆棘就长满了。[大战之后，一定会变成荒年]。善用兵的只求达到救济危难的目的就是了，不借用兵力来逞强。达到目的却不骄傲，达到目的却不矜持，达到目的却不夸耀，达到目的确实出于不得已，这就是达到目的却不逞强。凡是气势壮盛的就会趋于衰败，这是不合于道的，不合于道很快就会消逝。

四、纵横谈

备战，和平时期认真准备战争，方能止战。战争惨烈，马鸣蹄鼓的战场上双方俱伤，国力殆尽，民不聊生，所以呼吁和平。

---

❶ 参见杨丙安. 老子古本合校 [M]. 北京：中华书局，2014.

本章俭武篇与五十五章玄符篇中都有此句，"物壮则老，是谓不道，不道早已"。十五章显德篇"保此道者不欲盈；夫唯不盈，故能敝而不（新？）成"。

本章"以道佐人主者，不以兵强于天下，其事好还"，用武力解决问题，不是上策，无论做人还是做事，以武力解决问题都不是最好的办法。善用兵者只求达到救济危难的目的，而不是借用兵力来逞强，此乃用兵之道。

维护和平，师出有名。本章"不以兵强于天下"，反对称霸，两军对垒，坚决不打第一枪，倘若不得已而用兵，主张出正义之师。所以，于国家而言，这个世界没有救世主，只有国家强大了，军队强大了，我们才能屹立在世界一方；于个人而言，每个人只有更加奋发有为，更加努力，才能做出更多的贡献。

依靠武力可以占领国土，但是，天下不是靠马蹄子踏平的，更不是依靠武力征服的。天下是依靠人主的德性赢得的，得民心者得天下，天下是通过为民众服务的修为换取的，是"明明德"于天下苍生的智慧转化来的。习近平主席倡导的"一带一路"，给沿途民众带来了欢声笑语、带来了希望，在帮扶与合作中获得了"共赢"的发展前景。而不是以武器暴力，通过血腥的镇压、冲突而引发战乱、动乱，不是以大欺小，举着"民主、自由"的幌子给其他国家制造麻烦，通过"痞子"的行为，赢得利益和话语权，而放弃了大国的国际责任。大同社会，敬人者，人恒敬之；爱人者，人恒爱之。王阳明有言，为政不施威刑，以开导人心为主。

在太公姜尚的辅佐下，周武王于公元前841年进行了"牧野之战"，推翻了六百多年的商王朝。周朝君臣协力创建了中国历史上最后一个奴隶制国家约八百年之久的周王朝，由姜太公对英勇作战的阵亡将士进行封赏，至今当地民间百姓建新房时还沿用一个风俗，上梁前写一文书"姜太公在此，诸神退位"。周武王牧野大战那一天发布的站前檄文，其内容至今展示于河南省获嘉县同盟山的武庙前石碑上，被称作"牧誓"。

民心胜于天命，故亲民，以唤起人的力量、令人性觉醒。若救万民于水火，先需听从民意了解百姓的疾苦，采纳老百姓的心声，倘若战时，组成的大军会清明且仁义，成为王者之师。"牧野之战"中，周朝君臣爱民、爱兵，不但不杀俘虏、奴隶与囚徒，还进行收编和安抚，视其为王国未来之子民，战场上出现了临阵倒戈的一幕，为获得此战的最终胜利奠定了基础。

民心向背决定成败。一个政权也好，一个政党也好，前途和命运最终取决于民心向背，只要我们得到人民群众的拥护和支持，就能够战胜任何艰难险阻，取得胜利。所以，民心不可违，民心不可欺，如果不虚心倾听人民的呼声，违背人民的意愿，那么注定是要失败的。

"物壮则老，是谓不道"，俗语说红到极处反成灰。战争使许多年轻力壮的青年人早早牺牲了性命，自然生态也遭到破坏，"大军之后，必有凶年"，这些是有违天道和人道的。可见，战争的确是残物伤生的不祥之事，背离了世间生物祈愿生命终老以顺应自然的原则。就人类的道德层面而言，因战争而带来的灾难也是深重的，因为战争不但使对峙双方政治和物质利益激烈、尖锐冲突，更会导致战争双方精神利益的损失，战争将人的爱心摧毁，衍生出的是残暴的复仇心理，这是高智商的人类应当可以避免的最愚蠢的行为。无论过去、现在还是未来，无论西方国家还是东方世界，无论地球的南北，和平将是人类永远高擎的旗帜，呼吁和平必须是人类共同倡导的永恒主题。

三十一章

一、原文

夫兵者，不祥之器，物或恶之，故有道者不处。君子居则贵左，用兵则贵右。兵者不详之器，非君子之器；不得已而用之，恬淡为上。勿美也；而美之者，是乐杀人也。夫乐杀人者，则不可以得志于天下矣。吉事尚左，丧事尚右。偏将军居左，上将军居右，言以丧礼处之。杀人众，以悲哀莅（lì）之；战胜，以丧礼处之。

二、注解

恬淡：不追求名利，淡泊；非其心之所喜好。

君子居则贵左，用兵则贵右：古时候的人认为左阳右阴，阳生而阴杀。后文所谓"贵左""贵右""尚左""尚右""居左""居右"都是古时候的礼仪。❶

莅：莅临，走到近处察看，此处意谓对待。

三、译文

兵革是不祥的东西，大家都憎恶它，所以有道的人不使用它。君子平时以左方为贵，用兵时以右方为贵。兵革是不祥的东西，不是君子所使用的东西；万不得已而使用它，最好要淡然处之。胜利了也不要得意扬扬；如果得意扬扬，就是喜欢杀人。喜欢杀人的，就不能在天下得到成功。吉庆的事情以左方为上，凶丧的事情以右方为上。偏将军在左边，上将军在右边，这是说出兵打仗使用丧礼的仪式来处理。杀人众多，带着哀痛的心情去对待；打了胜仗要用丧礼的仪式去处理。

---

❶ 转引自陈鼓应. 老子今注今译 [M]. 北京：商务印书馆，2003：196.

四、纵横谈

偃武，偃旗息鼓，存仁厚之心，尚可得志于天下。

本章偃武篇，"夫乐杀人者，则不可以得志于天下矣"。老子所处的时代武力侵略频发，战争带来的祸患令人痛心疾首。对于以一己的意志为转移的专权政府或个人的妄自杀戮，最终的结果是失败，妄图争霸的一己之愿是不能实现的，"不以兵强于天下"，老子两千年前对于人类和平的呼吁犹在耳边，这也是老子的反战宣言，和平永远是人类共同追求的主题，老子反对称霸的文化体现了老子反对侵略和掠夺的主张。

"夫乐杀人者，则不可以得志于天下矣。"纵观中国历史，也可以在多处找到类似答案，寻觅到中国古人的国家发展智慧，且看中国传统社会的朝贡体系中，以自己高尚的道德，吸引周边国家向我们学习，获得了道德上的尊重，而不是依靠武力，并将治理国家的成就展示给世人，分享成果，这是对世界道义的担当，如此来"平天下"，如此用兵。

和平年代、太平盛世，处理人民内部矛盾提倡化事、熄事，针对事端不包庇、不纵容，但提倡大事化小、小事化了，营造祥和的生活和建设氛围。

只自卫，不反击，在钢丝上把握战争，拿捏住分寸。拥有"制敌"之力，但不轻易调动使用军事力量，而讲究防守的艺术、讲究不进攻的魅力。陈兵不动以固防，威武震慑而已，也是用兵之道。不滋生事端、不寻衅、不挑事、不侵城略地，因谦退故无争方能"偃"武止戈，化干戈为玉帛，不战而屈人之兵实乃上上策略。

《道德经》中直接谈到"兵"字的有五章。三十章俭武篇"以道佐人主者，不以兵强于天下，其事好还。师之所处，荆棘生焉。大军之后，必有凶年"；五十七章淳风篇"以正之国，以奇用兵，以无事取天下"；六十九章玄用篇"用兵有言：'吾不敢为主而为客，不敢进寸而退尺'"；七十六章戒强篇"是以兵强则不胜"；本章"夫兵者，不祥之器，物或恶之，故有道者不处。君子居则贵左，用兵则贵右。兵者不详之器，非君子之器；不得已而用之，恬淡为上"。四十六章俭欲篇"天下无道，戎马生于郊"，间接谈到了用兵。

就战争与和平而言，不以兵强于天下。"兵者不祥之器""恬淡为上""而美之者，是乐杀人也"。战争是为了和平而服务，否则只会获得毁灭和死亡。关于和平，在联合国教科文组织总部大楼前的石碑上，用多种语言镌刻着这样一句话："战争起源于人之思想，故务需于人之思想中筑起保卫和平之屏障。"

不祥之兵，不得已而用之。因为战争既令物残，也摧残、伤害着生灵，停止屠戮、厮杀，恢复和平，唯有不争，天下才莫能与之争。战争与人道不相悖，不得已而战应当提倡人道主义精神，杀人众多，带着哀痛的心情去对待，打了胜仗要用丧礼的仪式去处理，灵台虽然三寸，永保一息于一念间，深深地掩埋战死之兵，并祭奠亡灵以安抚家属，务必将善后工作处理得当。

老子最大的心愿就是和平，罢干戈至太平，保河山永存。战争是世间最大的悲哀，战争所造成的混乱是痛苦的根源，战争是这个动荡的大时代里所有苦难和混乱的根源，充满了杀戮、血腥和苦痛。

战争之因，战争从人的私欲而来，没有过度的私欲，才能没有战争。最高明的统帅要学会控制自己的野心和欲望，不战以屈人之兵而胜是最大的胜利，能够避免战争的人，才是世间真正的英雄。

在老子的哲学思想中，并没有一味地反对战争，而是强调要进行正义的战争。不过只要是战争，就会有胜负之分，该如何才能取得战争的胜利，睿智的老子为世人指出了一种方法。兵者不祥之器，万不得已而用之，以正治国，就战法与战术而言，以奇用兵，兵者诡道也，兵不厌诈。公元前506年，楚国的王城郢都被攻陷，来自吴国的大军，由孙武和伍子胥率领，千里奔袭，实施了一场战略大迁回，五战五胜，以六万水陆之兵力大败楚军二十万人。孙武成功地运用了自己的兵学思想和指挥艺术，帮助吴国击败强大的楚国，称霸于诸侯，著作了后世兵家的第一经典《孙子兵法》，这是一部饱含着道家思想的哲学典籍，孙子的军事哲学思想深受老子军事思想的影响而产生，其兵法十三篇，处处体现出道家的哲学思想，战争世界充满着无穷变化，阴阳相互转变，形与势相通，饱含着辩证的哲理。

兵者，国之大事，存亡之道，死生之地，不可不察，故需慎战，非礼不动，非得不用，非为不战，军事统帅不可怒而兴师，将不可愠（yùn，怒，怨恨）而致战，这与老子思想具有异曲同工之妙，在群星璀璨的先秦时代，两位伟大的思想家不谋而合，大道相通，其后战争频繁而惨烈。

公元前262年，韩国长平。在瞬息万变的战场上，要利用奇谋，在最短的时间内，取得战争成果。胶着的"长平之战"后期，在秦国制造的舆论氛围下，无实战经验、高傲轻敌的赵括替代了老帅廉颇，因急于求成，展开了铺天盖地的进攻。公元前260年8月，统帅赵军主力，向秦军发起了决死的战斗，秦军佯败而走，诱惑赵军于壁垒，采取诱敌深入战术的同时包抄赵军后路，五千轻骑插入赵军营垒，截赵军为两段，并断了赵军的粮道。白起利用柔弱胜刚强的军事理论，以退为进，转败为胜，抓住了战场的主动权，对赵军实施四十六天的围困，赵军粮草断绝，军心动摇，四十万被饥饿和死亡控制的赵军解甲投降，赵括在率精锐突击中死于箭雨。关东六国再也无法抵御秦国一统天下的步伐。

轻敌是军事统帅最大的灾祸。老子的军事原则中"轻则失本，躁则失君"，轻率会丧失根本，急躁会失去主宰。

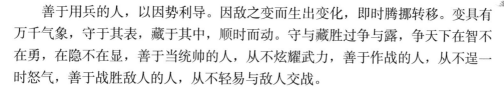

善于用兵的人，以因势利导。因敌之变而生出变化，即时腾挪转移。变具有万千气象，守于其表，藏于其中，顺时而动。守与藏胜过争与露，争天下在智不在勇，在隐不在显，善于当统帅的人，从不炫耀武力，善于作战的人，从不逞一时怒气，善于战胜敌人的人，从不轻易与敌人交战。

三十二章

一、原文

道常无名，朴；虽小，天下莫敢臣。侯王若能守之，万物将自宾。天地相合，以降甘露，民莫之令而自均。始制有名，名亦既有，夫亦将知止，知止所以不殆。譬道之在天下，犹川谷之与江海也。

二、注解

朴：乃无名之譬，萌芽状态，未发展。木之未制成器者，谓之"朴"。（释德清说）❶

小：道是隐而不可见的，所以用"小"来形容。

自宾：自将宾服于"道"。

民莫之令而自均：人们无需指令而"道"之养物犹甘露之自然均普。

始制有名：万物兴作，于是产生了各种名称。始，万物的开始。制，作。

知止：知道行事的限度。止，适可而止，指处身行事知止，即行止，就是行事有限度。

三、译文

道永远是无名而处于朴质状态的；虽然幽微不可见，天下却没有人敢不臣服它。侯王若能守住它，万物将会自然地归从。天地间阴阳之气相合，就降下甘露，人们不须指使它而自然润泽均匀。万物兴作就产生了各种名称，各种名称已经制定了，也就知道有个限度，知道有所限度就可以避免危险。道存在于天下，好像江海为河川所流注一样。

四、纵横谈

本章圣德篇、第一章体道篇与第三十七章为政篇均提及"天地、万物"之道。

---

❶ 转引自陈鼓应 . 老子今注今译 [M]. 北京：商务印书馆，2003：198.

道，朴、小、微。就其貌而言，颗粒度极其小而微，故能够与万物相容。就道品而言，其谦如水，水于川谷汇聚而成就江河之浩荡盛势，始制有名，侯王若能守道，人民将安然自适，各遂其生。

二十八章反朴篇"朴散则为器"，言有道的人沿用朴散为器之真朴法则，升至为百官的首长。这与三十二章圣德篇"道常无名，朴""始制有名"意思相互关联，进而知止可以避免危险，在四十四章立戒篇中也有言"知止不殆，可以长久"。譬道之在天下，犹川谷之与江海也，在前行中循环往复，并不断提升境界、层级。

"天地相合，以降甘露，民莫之令而自均。"道的分配观念是自均，均衡自行，通俗地讲，老天爷不饿死瞎眼的家雀，所以，人当法自然之法则，以天道为贵。因为阴阳万物，各守其纪、各守其纲，《范子计然·内经》篇有言，列星随律而周转，日月昼夜继照相续，春夏秋冬四时代御，明晦阴阳大化，和风润雨广施，天地万物各得其和畅而生，并各得其养而终有成就。

本章中，朴是道的法器，恰似为道做事的忠臣良将之性情。朴是道法，镇住"欲"并且将其化解为朴，"欲"被道役使，"不欲以静，天地将自正"，风清、月朗、气正的天地山川广布人间，人间万物是道之"朴"器之作。

三十三章

一、原文

知人者智，自知者明。胜人者有力，自胜者强。知足者富，强行者有志。不失其所者久，死而不亡者寿。

二、注解

强：含有果决的意思。

强行：勤勉力行。

死而不亡：身死而道犹存。

三、译文

认识别人的是"智"，了解自己的才算"明"。战胜别人的是有力，克服自己的才算坚强。知道满足的就是富有，努力不懈的就是有志。不离失根基的就能长久，身死而不朽的才是长寿。

四、纵横谈

从结构上看，这四句话，四个层次。从文意来看，四段话踏上了三个台阶，知人、自知、自胜。

从内容上讲，"自胜者强""胜己"。人一生最大、最强的对手是一己之身，是自己，所以，最后终究要战胜的对象是自己。

想胜己先自知。人贵在自知，人贵有自知之明。正如老子言"自知者明"。铺开精神生活与展开思想生命的"志"者更需自知，勇于省察自己、剖析自我，努力不懈怠，做有志的强行者，做到这一点需要坚定的信念，需要不用扬鞭自奋蹄地工作和学习状态，这就需要提升个人修养，培养自我高尚的人格。从自己力所能及的事情做起，才能不自取志大才疏、好高骛远之辱，并不使自己处于困顿疲累与痛苦挣扎的境地，这就是自知之明，即使当前尚不能成就大的事业、做不了大事，可是心地是大的，境界是高的，日常点滴的积累已经在为成就宏大的蓝图打造坚实的基础。

王阳明在谈自知、自省时曾经说过，就算笨拙的人，如果能做好"省察"，那么愚蠢也会变成聪明，柔弱也会变成刚强。静时存养，动时省察，省察是有事时的存养，存养是无事时的省察。人生的悲剧不在于没有用好自己的优势，而是连自己的优势是什么都没找到，闲暇的时候不妨想一想自己的优势是什么。

胜人者有利，自胜者强。打败他人更要战胜自己，知彼更要知己，人终其一生是在跟自己较量。

"知足者富。"知足之义其一，知道满足，"知足"就是"无所求"，满足于已经得到的，不作过分的企求，即自知满足。"富有不是指拥有的多，而是指渴求的少；不是指外境上的多，而是指心境上的少。"[1] 知足之义其二，只有知道了自己的不足，才有进步的空间，才能抓住机会改正自己，人没有十全十美，但可以趋近完美。所以，心要常存"知足"之念。

强行者有志。持守信条修为自己的一言一行，减少欲望与渴求，做到这一点需要下硬工夫，能做到则是有志的体现。强行者有志，难能可贵，难为之事而最终被完成，所以可贵。

"不失其所者久"，警戒人们"不忘初心"。就人生的价值而言，守道进取，不失去大道，自身则不殆，就是自己身体不会处于危险之中，能够无事长居久安，能够长久住世。

"死而不亡者寿。"长寿者，因为能够安守道，所以存寿时间长。此处也是在谈纵然人身不在，但是其崇尚公而忘私、"忘我"的精神和思想能够与天地共存，能够和日月同辉，能够永世被后人怀念，自古有公论：公者千古，私者乃一时

❶ 熊华堂.生活中的道：和你一起读《老子》[M].北京：中国物资出版社，2012：108.

也！死而不亡，追求生命意义的永恒，虽身死而其灵魂不亡者才是真正的长寿。这也警醒着世人应当做何种类型的人。

保护地球生物圈物种的多样性，人类与万物共生并存。秉持生态文明理念，在共同构建地球生命共同体征程中，人类努力一点一滴地延长增加着自己的寿命，人的生命力这股无形的力量向前推动着一代一代的繁衍生息，弗诛、不杀，维持正义，守护和平，持守永不杀生的誓言，即以"不杀生"为终身所应当持守的信条，保护物种的多样性，如此修为，能不得到增福添寿、儿孙绕膝的福报吗？也将真真地验证一句即使"歹竹"也能生出"好笋"。故人人当做"和平"环境建设的使者和公民，开启人类高质量发展新征程。

三十四章

一、原文

大道氾（fàn）兮，其可左右，成功遂事而不名有。万物归焉而不为主，常无欲，可名于小；万物归焉而不为主，可名于大。是以圣人之能成大也，以其不为大也，故能成其大。

二、注解

氾：漂浮，普遍，广泛。
遂：成功。

三、译文

大道广泛流行，无所不到，有所成就而不自以为有功。万物归附而不自以为主宰，常常没有把控的欲望，可以称它为小；万物归附而不自以为主宰，可以称它为大。有道的人之所以能成就其伟大是由于他不自以为伟大，所以才能成就他的伟大。

四、纵横谈

万物依赖道而生长，而道不推辞，也丝毫不加以主宰，足见"道"顺任自然"不为主"的精神。故人类需要向道、亲近道，消解欲望依道前行。

散淡而行，因任自然。圣人不为大也，故能成其大，即本章任成篇"是以圣人之能成大也，以其不为大也，故能成其大"，六十三章恩始篇"是以圣人终不为大，故能成其大"。散淡前行，做事不端架子。

三十五章

一、原文

执大象，天下往；往而不害，安平太。乐与饵，过客止。道之出言，淡乎其无味，视之不足见，听之不足闻，用之不可既。

二、注解

大象：大道。

往而不害：（天下人）归往而不伤害。

乐与饵：音乐和美食。

不可既：指道之内蕴不可穷尽。❶

三、译文

执守大"道"，天下人都来归往；归往而不互相伤害，于是大家都平和安泰。音乐和美食能使过路的人停步。而"道"的表述却淡得没有味道，看它却看不见，听它却听不着，用它却用不完。

四、纵横谈

道虽然食之无味道、视之无形无迹、听之无声音，但取之不尽、用之不竭。若贤明圣者行自然无为之道，则百姓过太平安居光景。

道行人间，天下太平。老子对道的描述，令人心驰神往，令读者可以想见出一幅幅美丽的画面："青山绿水"的空间环境，和平的政治环境，社会拥有美好的大气候，这其中万物共存，气氛和谐，一幅幅充满生机的人间气象，以和为贵，人人合作，和乐融融。

这太平胜景的画面令人畅想民众行于道中，亲近大自然的盛况。深入地感受、洞察这生活万象，看一片初春的嫩芽变绿，花一点时间耐心等待一朵花开绽放笑脸，听一听窗外雨打芭蕉的嗒嗒声，躺在林间的吊床里，静静地看一会儿星星，细致入微地观察、体验人间生活，享受乡野的美俗，不一而足。而且，本章所用语词也能让读者感受到所达成的语言之美，显露着先人老子丰厚、睿智的思

❶ 陈鼓应．老子今注今译 [M]．北京：商务印书馆，2003：205．

想内涵，反复吟诵中回味无穷。

道济天下，尊重自然，思维共赢，而非"零和"思维❶。依据生态伦理开发自然，具备世界眼光，国际化视野，同为"地球人"，一起爱护自然这笔上苍恩赐的绿色财富。与"零和"思维相对应，"双赢"的基本理论就是既"利己"又"利人"，通过谈判、合作达到双方欢喜的结果。从零和走向正和，要求开发各方对自然界都具有保护意识，要有与自然界真诚合作的精神和勇气，遵守保护自然、开发自然的规则，与自然界谈判、对话、合作，但凡开发，不但考虑经济效益，还要考虑生态效益，绿水青山就是金山银山，"双赢"的局面一旦出现，受益的是合作者双方。

本章仁德篇，返朴归真，成就大德境界。

三十六章

一、原文

将欲翕之，必固张之；将欲弱之，必固强之；将欲去之，必固举之；将欲夺之，必固予之。是谓微明。柔弱胜刚强。鱼不可脱于渊，国之利器不可以示人。

二、注解

翕：敛，合。

固：必然，一定。

微明：微而显，几先的征兆，几虽幽微，事已显明。

三、译文

将要收合的，必先张开；将要削弱的，必先强盛；将要废弃的，必先兴举；将要取去的，必先给予。这就是几先的征兆。柔弱胜过刚强。鱼不可离开深渊，国家的利器不可以随便耀示于人。

四、纵横谈

本章微明篇，讲述了行道修心除障碍的具体对策。

弱肩担道义。弱则为柔，柔弱胜刚强，这是智慧和力量的完美结合。

---

❶ 参考百度百科：零和思维源自零和博弈（zero-sum game），又称零和游戏，属非合作博弈。指参与博弈的各方，在严格竞争下，一方的收益必然意味着另一方的损失，博弈各方的收益和损失相加总和永远为"零"，双方不存在合作的可能。

欲取故予，以局部的牺牲换取全局的胜利。欲擒故纵，使敌人处于松懈状态，然后击之，战无不胜。天时人事，物理自然，深藏不露，韬光养晦。

用道德实践转化危险的境地。明确因"私"已显现，遇事就有了争夺心，人的贪欲心是大敌，故要减欲，欲少则神气足，解欲需修心，从小"微"处着手，将心态中不清净的念头去掉，积"小微"之德渐至大光明。有"德"者无"私"，重"私"者其"德"隐，妙在无私者方能见识到大德境界，得道者"无欲，以观其妙"，有欲者，仅见其"徼"，徼即表象。因为德高者内心清静，自然、清与浊之天地的奥妙得以示现。

利用正反相互的转化，终究将合成理想的结果。"将欲"中的"欲"收束、减弱、去除、荡涤，使之灭绝，可采取张扬、增强、擎举、给予的措施，欲望消减，精神振作，不佳的心识就可以被扭转，可见，事物中正反特性的转化和施与的外力是相应的。

三十七章

一、原文

道常无为也，侯王若能守之，万物将自化。化而欲作，吾将镇之以无名之朴。镇之以无名之朴，夫亦将不欲。不欲以静，天地将自正。

二、注解

自化：自我化育，自生自长。
化而欲作：自生自长而至贪欲萌作。
镇：安，安定。

三、译文

道永远是顺任自然的，侯王如果能持守它，万物就会自生自长。自生自长而至贪欲萌作时，我就用道的真朴来安定它。用道的真朴来安定它，就会不起贪欲。不起贪欲而趋于宁静，天下便自然复归于安定。

四、纵横谈

汉语中的"道"字从语义角度理解为天道、道理、道路、言说（说道）等，道是一个动的概念，从循环往复的大自然周期性中，中国古人意识到了"天道"的存在，《周髀算经》言，"日复日为一日""月与日合为一月""日复星为一岁"，我们可以感受到年、月、日这些小的周期。日月星辰刑德，顺之有德，逆之有殃，所以，切忌背道而驰，不能悖道而行事。

五十七章淳风篇"我无为而民自化"，二十九章无为篇"天下神器，不可为也"，本章为政篇首句"道常无为也"，皆谈及"无为"。拥有能超越时空的"无为心"，当人闲时做事要有"吃紧"的心思，忙于劳作时要有悠闲的趣味，学会忙中偷闲，让身心愉悦。静、朴、不欲是"无为"内涵的一部分，不欲而作，在无欲状态下来劳作，因循自然道法。

第一章体道篇、三十二章圣德篇与本章同时提及"天地、万物"。天道有常，道常无为，万物将自化，天地将自正。

"朴"字在《道德经》中的应用，十九章还淳篇，"绝圣弃智，民利百倍；绝仁弃义，民复孝慈；绝巧弃利，盗贼无有。此三者以为文不足，故令有所属：见素抱朴，少私寡欲"；二十八章反朴篇，"常德乃足，复归于朴"；三十二章圣德篇，"道常无名，朴"；本章"吾将镇之以无名之朴"，提倡教化真朴的民风。

打造真朴的文化。文化是根植于内心的修养，是无须提醒的自觉，它是以约束为前提的自由，具有为别人着想的善良。建设、前行过程中如果能时刻反思自己，学会从多个角度考虑问题、换位思考，在多元性的文化氛围中打造真朴的文化，以文化人，通过多方位沟通，促使真朴的文化根植于民众的意识中，统一民众思想的过程中避免产生激烈的冲突。

"道常无为也，侯王若能守之，万物将自化"，顺着道性而行，天地万物祥和之相将出现。

下篇

三十八章

一、原文

上德不德，是以有德；下德不失德，是以无德。上德无为而无以为，上仁为之而无以为，上义为之而有以为。上礼为之而莫之应，则攘（rǎng）臂而扔之。故失道而后德，失德而后仁，失仁而后义，失义而后礼。夫礼者，忠信之薄，而乱之首。前识者，道之华，而愚之首。是以大丈夫居其厚，不居其薄；居其实，不居其华。故去彼取此。

二、注解

上德不德：上德的人不自恃有德。

下德不失德：下德的人，恪守着形式上的德。

上德无为而无以为：上德的人顺任自然而无心作为。"以"，有心、故意。

攘臂而扔之：伸出手臂来使人们强就。扔，引也，民不从强以手引之，强掣拽之也。只是形容强民之意，故曰"攘臂而扔之"。❶ 攘，推也，谓推手使前拱揖之容也。攘臂，捋起袖子，露出胳膊表示振奋。

忠信之薄，而乱之首：薄，衰薄，不足。乱之首，惑乱的开端。

前识者：前识，指预设种种礼仪规范。者，提顿，无义。

华：虚华，非实质的。礼仪规范乃道之"其次"者，故曰"华"。❷

居其厚：立身敦厚。

不居其薄：薄，浅薄，指"礼"。

去彼取此：舍弃薄华的礼，采取厚实的道与德。

三、译文

上德的人不自恃有德，所以实是有德；下德的人刻意求德，所以没有达到德的境界。上德的人顺任自然而无心作为，上仁的人有所作为却出于无意，上义的人有所作为且出于有意。上礼的人有所作为而得不到回应，于是就扬着胳膊使人强从。所以丧失道就会失去德，失了德就会失去仁，丧失了仁就会失去义，失了

---

❶ 转引自：陈鼓应. 老子今注今译 [M]. 北京：商务印书馆，2003：218.

❷ 转引自：陈鼓应. 老子今注今译 [M]. 北京：商务印书馆，2003：218.

义就会失去礼。礼，标志着忠信的不足，是祸乱的开端。预设的种种规范，不过是道的虚华，是愚昧的开始。因此大丈夫立身敦厚，而不居于浅薄；存心笃实，而不居于虚华。所以，舍弃薄华而采取厚道实诚。

四、纵横谈

当世界处于轴心时代时，全球范围内很多智者都在探讨、思考如何让世界充满公平、理智和仁义，这个时候中国正值"百家争鸣"时期。老子身处国家与国家之间的暴力与战争之中，幸运的是老子生逢中国哲学的黄金时代，他提出了自己的"道"论，希望能够恢复社会的素朴。

本章论德篇论述了如何从整体上认识"道"与"德"。道与德是高于人伦概念的哲学概念，树立公德，普及好德性，和谐不争，贵和重生。❶加强建设学习型社会，因为"教育"具有长期性的特征，所以，提倡终身教育，全民践行终身学习的理念，共同认识"道"理，倡明道德的责任，道德的因果力即业，明晓自业自得之理。

人修养的层次无论有多高，修为的层阶无论有多深，都离不开对自心的修炼，尤其是执掌国家法器者。以无名、无欲、无为作为政"治"的原则，在管理方法上以尚"自然"的观念做指导，探索道论和道治，老子崇尚依据"自然"之道治理国家，治国依据自然客观的原则。这在十八章俗薄篇"大道废，有仁义；智慧出，有大伪；六亲不和，有孝慈；国家昏乱，有忠臣"，和本章中都有论述，"故失道而后德，失德而后仁，失仁而后义，失义而后礼。夫礼者，忠信之薄，而乱之首"。

内圣是理性思维指导下修心和治身的一种情怀。若"内圣"的功夫修不好，动用权力或地位，玩弄权术，就是在舔刀剑刃上的蜜，终将付出血的代价，末日的审批将提前到来，公器私用的那一刻大灾祸业已悬在头上，不日即将降临。所以，在个人的修为上，多多持"戒"条，即遵法守纪。持"戒"治身重在"治心"，反对贪污腐化，坚持严守法纪，力争"戒"行清净。与内圣相应，外王是古代政治实践的经验和指导，在当下的社会生活实践中，工作中人品和技术要好，技能要高超，但是，没有智慧不行。所以"内圣"与"外王"这二者不能互相脱离，日趋"内圣外王"的精神境界以实现治理国家、做好工作和修养自身的目的。

儒家文化是中华民族传统文化思想的根本。儒家创始人孔子，春秋末期人，世人尊称其为孔圣人，孔子侧重于"治世"，制名礼，以此来规范人性，追求出名入仕、治国处世。看似迂腐的仪式、礼仪，是长期熏陶的、根深蒂固的旧时贵

❶ 参考：罗尚贤. 和生哲学与和生文明时代 [M]. 广州：广东经济出版社，2014.

族的思想观念。儒家文化主流思想讲究的是礼乐文明，依靠德治进行教化，讲究仁义，既要敬老也要慈少，并且主张行善以树立威信，以仁义礼乐为教化内容。孔子追求的是个体、家国、天下的和谐，主张搞好为臣、为民的建设。

本章论德篇"上礼为之而莫之应，则攘臂而扔之""夫礼者，忠信之薄，而乱之首"。所以，当舍弃薄华的礼而采取厚实的道与德、戒除急功近利的习气，以裁剪"隆君"的文饰，增添遵循自然法则的客观建设，长养国人精神生活建设的功夫，削减粉饰的太平。

三十九章

一、原文

昔之得一者：天得一以清，地得一以宁，神得一以灵，谷得一以盈，万物得一以生，侯王得一以为天下正。其致之也。天无以清，将恐裂；地无以宁，将恐发；神无以灵，将恐歇；谷无以盈，将恐竭；万物无以生，将恐灭；侯王无以为正，将恐蹶。故贵以贱为本，高以下为基。是以侯王自谓孤寡不穀（gǔ），此非以贱为本邪？非乎？故致数（shuò）誉无誉。不欲琭琭（lù）如玉，珞珞（luò）如石。

二、注解

得一：得道。

其致之也：推而言之。

发：地倾，裂，侧歪（zhāi wai）。

自谓：自称。

孤、寡、不穀：王侯的谦称，孤德，寡德；不穀，有不善的意思。

致数誉无誉：最高的称誉是无须夸誉的。数，多音字，此处读 shuò，屡次，数见不鲜（亦称"屡见不鲜"）。

琭琭：形容玉的华丽。

珞珞：形容石块的坚实。

三、译文

从来凡是得到"一"（道）的：天得到"一"而清明，地得到"一"而宁静，神得到"一"而灵妙，河谷得到"一"而充盈，万物得到"一"而生长，侯王得到"一"而使得天下安定。推而言之。天不能保持清明，难免要崩裂；地不能保持宁静，难免要裂溃；神不能保持灵妙，难免要消失；河谷不能保持充盈，难免要涸竭；万物不能保持生长，难免要绝灭；侯王不能保持清静，难免被颠覆。所以贵以贱为根本，高以下为基础。因此侯王自称为"孤""寡""不榖"。这不是把低贱当作根本吗？难道不是吗？所以最高的称誉是无须夸誉的。不愿像玉的华丽，宁可如石块般坚实。

四、纵横谈

道的作用无处不在。侯、王作为执政者，若能做到利益居后、语言处下、态度谦和恭敬，就能做个好的为政者，这是为政者之道，即得了"道"，"功成事遂，百姓皆谓：'我自然'"，所以，最好的为政者慎于发号施令，倘若事情办成之时，百姓们说："我们本来是这样的"，此时，管理民众之官长"得道"矣。

本章法本篇讲述了为何要涵养"道"、如何涵养"道"。道在今日：做最简单的人，吃最简单的饭，过最简单的日子。简单生活，保持随和，懂得放手，顺其自然。这样的人，心态平和而安宁，生活简单而美好。在尽责中感受满足，知足；在尽义务中内心获得安宁，心安；在生活与工作的奉献中收获满满的幸福；在无我忘形的劳作中求得进取，生活中透出的禅机在无意中撷取，无为而无不为。"故贵以贱为本，高以下为基"，勤俭得福，浪费存祸。道与天、地、人并存，道法与人的修为相伴，勤俭者有福，浪费者攒祸，积德转运、累恶倒霉，所以缺什么，也不能"缺"德。为幸福奋斗的平凡人在日常普通的劳作中体验人间大道，生活、工作中不回避困苦，该吃苦时吃苦，享福时莫忘记吃过的苦、莫忘记还有吃苦的人，知道惜福，对地位低下的从业者不嫌弃，以和善、慈悲之心对待，"以贱为本"，接近民众百姓，日常生活中牢固维护群众基础，不失缺根基。

道融在宇宙、天地、万物中，小至显微镜下的微生物，大至浩渺的宇宙太空，祥和、清明、安宁是天地守道的彰显，万物复生欣欣向荣是其遵道而行，正如万物之灵的人，神清气扬是践道的明证，因为作为人尊的侯王若不守道将自取毁灭，"侯王无以为正，将恐蹶"，所以，修炼品性、品行，"珞珞如石"，性情淳朴，如石块般坚实。

整体、全面地认识、把握万物之间的链接点。万物处于普遍的联系之中，"神得一以灵"，灵气合于道，所以，道性思维产生，"神无以灵，将恐歇"，神不守舍，神已逃离，去往何方？灵应它处，因为灵气散失，灵无则悟性缺乏，创造力将会失去，而后辗转反侧不得法，致使人心不得安宁，人脑的思维只得依存于物欲、物气，而非灵气。"天无以清，将恐裂；地无以宁，将恐发"，大气受到污染，地脉遭到破坏，自然生态失去平衡，天裂地发。我们国家政府所倡导的"绿水青山就是金山银山"正当其时，保护环境是关系子孙万代的千秋大事、是生生世世的重大责任。切记"贵以贱为本，高以下为基"，把握工作的方向和重心，依据工作对象的需求，及时调整实施方案，不脱离人民大众，不忘却根本、不脱离道，无为而无不为。

四十章

一、原文

反者道之动。弱者道之用。天下之物生于有，有生于无。

二、注解

反：即返，反者即静。动静相对而言，动静循环。

弱：柔弱。

天下之物生于有，有生于无：这里的"有""无"即意指"道"，与第一章同义。"无""有"乃是道产生天地万物时由无形质落向有形质的活动过程。这里是说明天下万物生成的根源。❶ 有，意指形上之"道"的实存性。

三、译文

道的运动是循环的。道的作用是柔弱的。天下万物生于有，有生于无。

四、纵横谈

"有无相生"的宇宙观揭示了"无"和"有"与万物之间的奥妙。正反互相转化，有无颠倒的关系，这是反作用力的妙处，无欲的境界，最终正反将合为一体。执着有无，乃生死根本。

无中生有。欣赏李可染的画作"牛柳图"，可感知画面中的"无中生有"之笔，感受到画做的意境之美，画面上"水"牛露着头、犄角、牛背，简单几笔勾勒让读者想象出一头正在水中游弋的"全"牛，这种"无中生有"的作画功力显示出画家李可染高超的理论素养，其深谙中国优秀的传统文化，其作画时的留白为欣赏者创造了无穷的、诗意的空间。

王坚，一个心理学博士，非程序员出身，却领导着一批优秀的软件工程师，做了一件"无中生有"的事，运用大数据，让杭州这个"城市"学会了思考、变得聪明。"城市大脑"每十五分钟根据摄像头数据调节红绿灯资源，对道路和时间资源进行再次分配，"城市大脑"让城市变得聪明，让老百姓能够早一点回家，

---

❶ 转引自：陈鼓应. 老子今注今译 [M]. 北京：商务印书馆，2003：228.

民众享受着创新所带来的便利。运用数据改变着世界、改变着人类的生活，王坚和他的团队做到了"无中生有"。

认识"道"，抓规律，发掘新的科学技术。运用大数据，改善人类困境，让人类从看天吃饭走向"知"天而作，这种创新印证了"无中生有"，是对"道"的充分运用。在阿里巴巴年会上，王坚在报告中谈到求证今天大部分人都怀疑的事情很"艰难"，因为难，所以可贵啊！这是人类共同进步的体现。创新的中国正在经营许多前无古人的、艰难的事情，随着"万物相连"时刻降临，中国人还将创造出崭新的未来。让我们一起期待，并一起见证正在创新的中国！

对"道"体的认识。"有""无"是"道"的一体两面，用来支撑道体的"同出而异名"，"有无"之间原本无本末、体用和先后的问题。天下万物生于"无"和"有"相统一的"道"，"道"是天下万物的总根源。❶

本章去用篇，"道动"用反、用弱。尊道用反，人若法道，则人与道同在。反者，道之动，这是对立统一、量变质变和否定之否定这三大规律的整合，道的运动本性存在于事物的内部，是事物之间相互转化的原因，反是动力启动的源头。反是道的运动方式，从思维的角度而言即回过头来，重新思考、重新认识，以启动新的循环。

弱者道之用。弱，是在对道的遵循中所呈现出的运作形式。道是以柔性积累起来的力量，道应时应景而变化，将颠倒主观的、不符合道法的意识，所以，尊道者法道以调整个体的修为，让个体的主观意识逐渐趋向于道，从而以道法为标准来规范个体的言行举止，得道多助，失道寡助。

智者天资变现出天道展示给世人，这一现象描述了天地间感应、联动的机制。所以，尝试头脑思维"变"化，活学活用，变中发展、变中成长。

变，尝试变通、变易。易即重生，当一切都变成新的，就复活了。依时变动、斗争，不停地追逐变化中，向安身立命的方向逐渐明确。《易经》乾卦有言，大人者，与天地合其德，与日月合其明，与四时合其序，与鬼神合其吉凶。

改变内在，才能改变面容，因为一颗阴暗的心哪能托得起一张灿烂的脸。容貌姣好，相由心生也：有爱心必有和气，有和气必有愉色，有愉色必有婉容。所以，努力表现出一张新脸：充满喜悦的、圆满的脸，不必愁眉深锁，作苦瓜脸相，改变自己的脸日趋慈祥，如此，则会聚集更多幸福，幸运也将降临。所以努力改变周遭的空间、世界，那么健康、财富、名誉和地位将被吸引而至，试试看。

改变心态面容的同时，记着修口德。口乃心之门户，口里说出的话，代表心里想的事，所以，心和口是一致的。"一个格局小的人，讲不出大气的话。"企业跟企业最后的竞争，是企业家胸怀的竞争，更是境界的竞争。

---

❶ 陈鼓应，白奚．老子评传 [M]．南京：南京大学出版社，2011：114．

改变心态面容、修口德，并让一颗感恩的心陪伴自己左右。"知恩才有德，有德才有福"，这就是古人说的"厚德载物"吧。可见，人的一生就是体道、悟道，最后终于得道的过程。

中国文化中有这样两句话，"道高龙虎伏，德重鬼神钦"。想学道成人成圣应当具备觉性，而只有在奉献中探索才能知"道"。所以，悟性与学道者修养自身德性所达到的境界相关，清静心与觉悟心是一体的两个面，慧是目的，定是枢纽，慧从定来，持戒守律是手段，能够帮助得定，戒生定，定开慧，能够得定就是拥有了清静心。把一切尘劳妄想、万缘放下，贪婪的想法、情绪上的嗔怒和痴迷被逐个清除，根尘识一丝不挂，则愚昧无知将逃之夭夭，烦恼减少，心得清静，觉心降临，恰如飞蛾离焰、智慧发芽，智慧从本性里流露出来并日益增长，福报自然显现，身体健康，精神也为之愉悦。

道性、灵性与悟性。万物从道中生，由道气而养，人的灵气是道的产物，失去道性，灵气自退，后天主观能动性将无灵气可依，只剩下借助物气、物欲的思维了，如此情况下，人将失去思悟的天分，更奢谈创造性也。

成功之道是思考力、行动力和表达力的乘积。"成功之道 = 思考力 × 行动力 × 表达力"，许多人不成功，不是因为没有行动前的计划，而是缺少计划后的行动。要想成功首先要学会"变态"——改变一己的心态、人生的态度，进而使生存状态得以改变。所以，做个积极的人，没有时间不去修为，修诸功德，即修积功德资粮，培植功成名就的沃土。

四十一章

一、原文

上士闻道，勤而行之；中士闻道，若存若亡；下士闻道，大笑之。不笑，不足以为道。故《建言》有之：明道若昧，进道若退，夷道若纇（lèi）。上德若谷，大白若辱，广德若不足，建德若偷，质真若渝。大方无隅，大器免成，大音希声，大象无形，道隐无名。夫唯道，善始且善成。

二、注解

建言：立言。

夷道若纇："夷道"，平坦的道。纇，起伏不平，瑕疵，毛病，缺点。

建德若偷：刚健的"德"好像懒怠的样子。"建"通"健"。偷，惰。例如，偷懒，贪安逸，图省事或有意逃避应干的事（如睡懒觉）。

渝：变。

大器免成：贵重的器物总是最后完成。"'免'，楚简作'曼'，通行诸本作'晚'，唯帛书作'免'……作'晚'虽不误，但未可以早晚之'晚'释之，而当读为'免'。"❶ 人阴气到了东北方止尽，阳气到西南方穷极，因为有东北方艮位的阳气持久曲守酝酿，才有西南方坤器的形成，所以说"大器晚成"，晚即曲覆。

三、译文

上士听了道，努力去实行；中士听了道，将信将疑；下士听了道，哈哈大笑。不被嘲笑，那就不足以成为道！所以古时候立言的人说过这样的话：光明的道好似暗昧；前进的道好似后退；平坦的道好似崎岖；崇高的德好似低下的川谷；最纯洁的心灵好似含垢的样子；广大的德好似不足；刚健的德好似怠惰的样子；质性纯真好似随物变化的样子；最方正的好似没有棱角；贵重的器物总是最后完成。最大的乐声反而听来无音响；最大的形象反而看不见形迹；道幽隐而没有名称。只有道，善于辅助万物并使它完成。

四、纵横谈

本章同异篇一共用了十二个"四个字"的词语表述"道"："明道若昧""进道若退""夷道若纇""上德若谷""大白若辱""建德若偷""质真若渝""大方无隅""大器免成""大音希声""大象无形""道隐无名""广德若不足"，由这五十三个字词构成的句子从多个角度向读者展示了"道"的形象。

"大方无隅"，最大的方形没有边边角角；"大器免成"，最大的器具无法太快完成；"大音希声"，最精妙的声音无法轻易听得到；"大象无形"，最大的形象、精邃的道理无法捉摸；"道隐无名"，大道隐藏而无法描述。只有道，善于开始并能有所成就。

学习道、坚守道、每天"趋向道"、体验践行道。大道幽隐未现，探路者探索大道，不可以形体求见。❷

本章同异篇"夫唯道，善始且善成"；六十四章守微篇"民之从事，常于几成而败之。慎终如始，则无败事"。只有道，善于辅助万物并助力万物完成其使命，所以应当践行道。"上士闻道，勤而行之"，从平凡世界中的点滴事情做起，"行"体现在不忘初心的坚韧前行中，遵纪守法，执行公务不失原则。此中，上士闻道勤"行"与王阳明知行合一的理念相一致。

《道德经》后四十章，谈及道生万物，以德蓄养万物。万物在道中得以保持

---

❶ 转引自：杨丙安.老子古本合校 [M].北京：中华书局，2014：190.
❷ 陈鼓应.老子今注今译 [M].北京：商务印书馆，2003：232.

其旺盛的生命力，在德的滋润中万物生存、发展的状态获得维护。了悟宇宙终极之道，内化于心，外化于行，修心为要，做能够践行"道"的人，静观万物清静自如，让生命返本归真，自可得以心明性见，觉照到无量、无限光明。因此，提倡立德，修好的德行，断除暴戾阴狠之心，得宽容人处且宽容人，待人处事认真，不但心地要好，而且能够做好事，不做并力戒做坏事，学会运用智慧，并培蓄、长养智慧，如此修为，方为懂得生活。

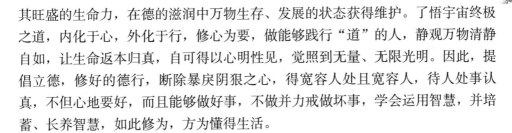

四十二章

一、原文

道生一，一生二，二生三，三生万物。万物负阴而抱阳，冲气以为和。人之所恶，唯孤寡不穀，而王公以自称。故物或损之而益，或益之而损。人之所教，我亦以之教人："强梁者不得其死。"吾将以为教父。

二、注解

一：天地合而为一个整体。分开来成天地，一上一下、一阴一阳仍为一个整体。
二：阴阳。
冲气：阴阳两气互相激荡。冲，交冲，激荡。
以为和：而成均调和谐状态。
人之所教：人指别人。
我亦以之教人：教即教导。
吾将以为教父：我把它当作施教的宗旨和立足的根本。

三、译文

道是独立无偶的，混沌未分的统一体产生天地，天地产生阴阳之气，阴阳两气相交而形成各种新生体。万物负阴而向阳，阴阳两气互相激荡而形成新的和谐体。人所厌恶的就是"孤""寡"和"不穀"，但是王公却用来称呼自己。所以一切事物减损它有时反而得到增加，增加它有时反而受到减损。别人教导我的，我也用来教导人。强暴的人不得好死，我把它当作施教的宗旨和立足的根本，把这种情形当作一种警示提醒自己，以拥有一个良好的开端，打下坚实的基础。

四、纵横谈

本章道化篇谈及了老子的宇宙生成论。

上承三十九章"是以侯王自谓孤寡不穀",手握国之法器者、当权者,时常以孤寡自称,谦虚自守,在社会运转、行业、领域管理过程中时刻提醒着自己,不可骄纵跋扈,不可盛气凌人,不可处于人人所厌恶的情势中哦。因为"物或损之而益,或益之而损",所以,对于事物的发展适宜遵循自然法则,和民众一起,应当知"道",而且能够践行"道"。"道生一",一即一切,一切即一,无分彼此,认识"道",发现并运用"道"的规律永远没有止境。

一二三、123、壹贰叁,普通人看来再平凡不过的数字,在中国已故数学家吴文俊眼中却美妙不凡,值得一代代人用一生的时光求索其中之"道"。三十九章法本篇中言,"天得一以清,地得一以宁,神得一以灵,谷得一以盈,万物得一以生,侯王得一以为天下正。"

本章谈及养道之境。万物和人皆循道而行,和平相处,如此则人人身心和谐、言辞语句和气,对话中冲撞和敌对情绪自然减弱,不祥的念头将被淡化,令人不悦的行径将被取代。

但是,人类为了保全自身性命,不惜损害物命,用损物的所得来养护自己,此种方式值得深思、值得商榷,为了达成单方的目的而伤害无辜者不可取。强行者怎会有好结果呢?老子提醒人类"强梁者不得其死"。

从中医学科的角度而言,每一位个体都是个小宇宙,小宇宙与自然界大宇宙是相互沟通的。"一生二,二生三,三生万物",万物生生不息,新陈代谢中生命在交替、在更迭、在循环。

护生。万物之根与道互通,与宇宙系统相连,万物由道分化而出,所以应当爱护地球上的万物,保护生物的多样性。

懂得知足,减少物欲。拥有适量依靠自己劳动交换来的、分配到的资源,开发且珍惜资源,惜福的前提下,扶持发展,因为爱护地球资源也是在成就道德之高境界,如果为了非分的享乐而过甚去开发,会引发物质过剩,做不到物尽其用,则构成了浪费,浪费可耻呀,此言不假,因为失了德,离"道"远了,带来的必然是灾殃,人类将受到自然界的惩罚并为之付出代价。

四十三章

一、原文

天下之至柔，驰骋于天下之至坚。无有入于无间（jiàn）。吾是以知无为之有益。不言之教，无为之益，天下希及之。

二、注解

驰骋：形容马的奔走，这里作"驾驭"讲。

至坚：坚硬的东西。

无有：不见形相的东西。

无间：没有间隙。"间"此处读作jiàn。

三、译文

天下最柔软的东西，能驾驭天下最坚硬的东西。无形的力量能够穿透没有间隙的东西。我因此知道无为的益处。不言的教导，无为的益处，天下很少能够做得到的。

四、纵横谈

本章遍用篇强调"柔弱"的作用和"无为"的效果，主张柔弱胜刚强。

以水为例，水乃天下之至柔物质之一。"水"之所以能够自由游走，是因为水知道其道行不通时应当避开坚硬的物体，所以能够"驰骋于天下之至坚"，能够以"无有入于无间"，这是水的道性——能够趋下屈居。

三十六章微明篇"将欲弱之，必固强之"；四十章去用篇"弱者道之用"；本章徧用篇"天下之至柔，驰骋于天下之至坚"；五十二章归元篇"见小曰明，守柔曰强"；七十六章戒强篇"坚强处下，柔弱处上"；七十八章任信篇"天下莫柔弱于水，而攻坚强者，莫之能胜，以其无以易之也"，都在谈"柔"，以柔克刚，柔弱胜刚强，"吾是以知无为之有益"。

行不言之教，成就"无为"之妙处。鲁迅先生有言，老子"无为"者，欲"无不为"也。西汉初年，汉王朝实行休养生息的政策，无为而行，成就了"文景之治"的盛况。本章"不言之教，无为之益，天下希及之"；二十三章虚无篇

"希言自然"；十七章淳风篇"犹兮其贵言"；五十六章玄德篇"知者不言，言者不知"皆是此义。

道法具备普适性。无人、无物、无事不囿于道法中，无人、无物、无事不得到"道"的润泽，水所具备的道性是对道法的演示。道有普适性，与物相随，深入世界上万事万物的方方面面，道所具备的管理法则悄然运行，却不被人所知。倘若人心向善，道则施德，人因有德而得利，人因善行而获福无量，这些无不是道的管理性的体现。

以道治身则身治、以道治家则家治。尝试则出效果，从自身做起，不妨一试。

四十四章

一、原文

名与身孰亲？身与货孰多？得与亡孰病？是故，甚爱必大费，多藏必厚亡。知足不辱，知止不殆，可以长久。

二、注解

多：作"重"的意思，即"重要"之义。

得与亡："得"，指得名利。"亡"，指亡失生命。

甚爱：过于爱名。

大费：（付出）很大的耗费。

多藏：丰厚的藏货。

厚亡：（会招致）惨重的损失。

三、译文

声名和生命比起来哪一样亲切？生命和货利比起来哪一样贵重？得到名利和丧失生命比起来哪一样为害？过于爱名就必定要付出重大的耗费。过多的藏货就必定会招致惨重的损失。所以知道满足就不会受到屈辱，知道适可而止就不会带来危险，这样才可以保持长久。

四、纵横谈

本篇主要谈"贵身"的思想。本章立戒篇，"名与身孰亲？身与货孰多？得与亡孰病？"与十三章厌耻篇，"何谓贵大患若身？吾所以有大患者，为吾有身；及吾无身，吾有何患！"同谈"贵身"的思想。因为贵身，所以能够漠视外在的宠辱毁誉，去除纵情纵欲的"为目""为耳""为口""为心"的对物质的贪求，因而可以减少外患，以此奉劝世人莫"贪"求虚名、切莫"追"逐厚利，学会知足。

"知足不辱，知止不殆，可以长久。"懂得知足，学会放弃。心如海洋，包容得下所经受过的各种各样的委屈，所以，能够放下执念，把手中握不住的东西、心中装填的旧意识当成手掌里的沙子，张开双臂向空气中抛洒、扬弃，在一个全新的时空际遇中，重新认识自己、塑造新我。能够割舍过去，勇敢地跟"过往"告别，放下重负，才能创造未来，破茧重生。

知足，但是告诫自己不停下前进的脚步。心灵的强大决定着脚步踏及的远度、双脚丈量的距离，脚步不要停下来，否则就会被世界抛弃，不是世界忘记了自己，而是因为自己这一个体踯躅于原地故步自封而被时代前进的浪沙所湮灭、所吞没，所以，人生的历程应当是生命不息，奋斗不止。

心灵戒贪是知足的表现。戒贪，舍掉贪心的念头，学着舍财，学会布施，以财物金钱送给有需要的贫困之人，令其养活身家性命、间或治疗疾病等。知足才能常乐，才能在愉悦的心境下发现四时之美，才能拥有四时的快乐，张开发现美的眼睛去欣赏大千世界，时时处处不缺乏的就是美好的事物，目力所及美好的事物很多。懂得知足，才能看明白世间荣华富贵若过眼烟云，人天福报不可长久；因为懂得知足，故而做义工尽管辛苦，但是开心、幸福，时时可以捕捉到义工面颊上发自内心的微笑。故而要做一个知足的人。

本章篇目中"戒"字，提醒读者不犯天地戒律，不与天地作对，不做天地会生气的事情。不犯法，不做违背良心的事；不占人便宜，不叫别人吃自己的亏；不说伤害人的话，不做伤害人的事。清心净行，以严持于身，生活中的点点滴滴无不考验着人的修为，用心持"戒"。

知止。知道适可而止，尔后性情返归于厚朴。知止可以长久，可以养身，亦可以养生。止，放下一切境界，知止而后修定，定能够灭掉一切妄念。做到知足、知止，要求自身对于"名誉、货利"的需求有度，时常回首反省，一个人如果拥有万贯家财，却没有健康的体魄与身心，那财富又有什么用呢？希望与信心都要向内求，而不能通过物质来满足，所以，当止处则止，真的应了那句话"回首是岸"。三十二章圣德篇，"始制有名，名亦既有，夫亦将知止，知止所以不殆"，"譬道之在天下，犹川谷之与江海也"。

懂得舍得之道。"甚爱必大费，多藏必厚亡"与八十一章显质篇，"圣人无积"相互呼应，"既以为人，己愈有；既以与人，己愈多"，"甚爱""多藏"反受其累。是给予还是索取？舍得之道也。

四十五章

一、原文

大成若缺，其用不敝。大盈若盅（zhōng），其用不穷。大直若屈，大巧若拙，大辩若讷，大赢若绌（chù）。躁胜寒，静胜热，清静为天下正。

二、注解

大成：最完满的东西。

盅：1.杯类；没有把的小杯子。2.中空之器，用盅之中空"虚"之义。3.有的版本此处的"盅"为"冲"，"冲"是一个借字。

绌：1.古时同"黜"，罢免，革除。2.不足，不够。

躁胜寒，静胜热：疾动可以御寒，安静可以耐热。

三、译文

最完满的东西好像有欠缺一样，但是它的作用是不会衰竭的。最充盈的东西好像是空虚一样，但是它的作用是不会穷尽的。最正直的东西好像是弯曲一样，最灵巧的东西好像是笨拙一样，最卓越的辩才好像是嘴讷一样，最丰足却好似是匮乏一样。疾动可以御寒，安静可以耐热，清静无为可以为人民的模范。

四、纵横谈

无为。执政者为政"清净"，则"趋近"完美，以"贵身"的心态塑造含藏内敛的精神生命的真谛，打磨精神丰盈的生命境界。

谦虚为怀。当我们的认识和研究越深入问题的焦点、核心时，接触到的未知的范围越广泛，越是需要反复探讨，会越发清醒地意识到自己的无知，所以应当虚心、虚怀若谷，保持虚心好学的状态，这样方能更好地解决问题，并同时扩展自己对事物多方面、多角度的认知。

戒盈忌圆。十五章显德篇"敝而不成"是做任何事情都应该把握的一种尺度。本章洪德篇"大成若缺"，即万事不可以过于圆满，谨记月盈则亏，满则溢，所以宁可"缺"，勿自满，然后达成"其用不敝"的效能；"大盈若盅（冲）"，冲，盈满流动，活的东西象河水一样能够流动，关键在于如何保持其流"动"、

"变"化的状态，让其充满活力。七十六章戒强篇有言，"兵强则不胜，木强则共"。故当戒盈忌圆。

"躁胜寒，静胜热，清静为天下正"，此处天下可以指国家，国家因为执政者"希言""无为"而治所以四海升平；天下从小处言也可以比作人的身体，内心清静，可以令身体安稳，则人身体的生物信息中的各项生理指标可以保持正常，换句话说，一个健康的人，若能做到内心清静，则能达到养生康健的目的。

以静制动。"躁胜寒，静胜热"，心静自然凉，这句话不只是针对人对物理空间冷热的感受力。排除外界事物的干扰，人的心灵原本具有惊人的张力、能力和智慧，在平和、宁静的状态下，一个独立的、健康的个体能以相对高的效率、相对得当的方式去应对所遭遇到的事情，可以直面多种困难情境。倘若焦虑已经产生，在这种状态下，极其容易患得患失、在原地打转，因为烦杂的念头自己擒拿不了、控制不住，所以不能进入全神贯注、聚精会神的高效状态：表面上看处于焦虑状态的当事人很努力，其实根本无法做到真正的、全身心的投入，无论读书还是做事情、经营事务皆会效率低下，如此状态，当然就不会有好的成绩和效果。既然已经明了焦虑的原因之一是内心不清静，那就试着一步步让自己平静下来，逐步走出这种不佳的状态。

四十六章

一、原文

天下有道，却走马以粪；天下无道，戎马生于郊。罪莫大于可欲，祸莫大于不知足，咎莫憯（cǎn）于欲得。故知足之足，常足矣。

二、注解

却：屏去，退回。

粪：耕种。

戎马：军马，战马，借指军旅、军务。戎，兵器，武器，军事，军队。

生于郊：牝马生驹犊于战地的郊野，因为兴兵征战。

憯：古时同"惨"。万分悲怜，凄惨，残暴，锋利。

故知足之足，常足矣：知道满足的这种满足是永远满足的。

三、译文

国家政治上轨道，把运载的战马还给农夫用来耕种；国家政治不上轨道，便大兴戎马于郊野而发动征战。罪过没有过于贪得无厌的了，祸患没有过于不知足的了，过错没有比欲得的想法更悲怜、凄惨的了。所以懂得满足的这种满足，将是永远的满足。

四、纵横谈

乱世现象是人类因为对财富强烈的占有欲望而引发的冲突所导致的，冲突一次次的大爆发而引发乱象，世界各地因冲突所导致的兵祸连年的战争真可谓绵延不断，人类为此付出了惨痛的代价。致乱现象背后，操纵人内心的对物欲的贪婪和不知足是导致战争频发的根源。

本章俭欲篇和第三十章俭武篇、第三十一章偃武篇都在谈"反对"战争。老子通过《道德经》提醒为政者要收敛过度的欲望，休战，推行无为之道。当今世界人类命运共同体的建设中，维护世界和平，导引人的思想意识，可以将人的内心深处"俭欲"作为起点，着手来做，进行日复一日、不间断的调停、治理。

"戎马生于郊"这句描述了征战时期战场周遭的环境。老子所处的战乱、斗争频仍的春秋时代因武力侵略给百姓带来了无尽的灾难，田地荒芜、饿殍遍野、易子而食的现象令人惨不忍睹。

本章谈及"知足"，在四十四章立戒篇中也谈到了"知足"。提倡执政者寡欲，减少对声色财货的极度消费，懂得知足。繁华落尽归尘土，人嚼得菜根香甜，则所做百事皆可得以成就，无不有理想的结果。

王阳明说到名利与机心时，认为"汝若于货、色、名、利等心，一切皆如不做劫盗之心一般，都消灭了，光光只之本体，看有甚闲思虑？"。少一些机心，则少一些痛苦。如果对色、财、名、利等心，全都像不做盗贼的心一样，都铲除了，完完全全只是心之本体，还何来闲思杂念？看到这些观点，你我的头脑中不可能没有得到启发，每个人所处世界的周遭情势基本上都是每一个个体自己营造而成的。一个人心中充满机心，不懂得知足，就会因机心而衍生出困难、恐惧、怀疑、忧虑、绝望等不良的情绪，如果一个人心中只是布满了这些晦暗的阴影，境地怎么能会不悲愁、怎么能会不痛苦呢？

懂得知足。人生时光倏忽之间，如白驹过隙，生命的拥有和失去在转瞬之间，时间就在我们喘息时已在指缝间湍流、悄悄地滑走。人世间丰厚的金钱和名利只能滋生人们的自私自利，并使有人不能自持地加以滥用。所以，心灵的空间需要我们每个人自己去经营，如果机心太多、太重、太复杂，心灵哪还有空间去承载其他的呢？因此，唯有以伟大而纯洁的人物为榜样，以伟人纯洁的灵魂引发我们的思想越来越高尚、激励我们端正自己的行为。

"钱"与知足。我们每个人都有切身的体会，世俗世界的生活离不开金钱这一物质基础，生命实践中，个人生活中的"知足"感与对"钱"这一生存基础的认识密切相关。拥有生存基本条件的前提下，就该进一步认识"钱"：诱人的东西不进道者之境，若欲根除，则道根长。欲望为众苦之本，亦是众祸之根。金钱是为五方所有之物品，即水、火、盗、子、官，被水浸、被火烧、被盗偷、或被败家子消散、被官方没收，金钱得来辛苦，世人皆知挣钱不易，若散去则给钱主带来忧虑。拥有多少钱财是快乐呢？有钱就有快乐吗？无钱就无快乐吗？并非有钱就得快乐，问心无愧心最安。

本章说要知足，懂得做富贵的人。拥有最基本的物质条件，身安为富，心安是大快乐，心安是最宝贵的心理状态，心安为贵，贵即是心不浮躁、内心平静。未做过亏心事，即指拥有高贵的人格，就离成为高贵的人不远了。因为拥有了精神上的幸福，就能在获得幸福的进程中感受到幸福，这才是真正的幸福，即拥有一颗感受幸福进程的"富贵的心"，懂得真正的幸福，这样的人就是富贵的人。

超出能够承载的、过多的物质是累赘。《道德经》四十四章立戒篇有言，"甚爱必大费，多藏必厚亡"，可见过多的物质、名利给自己带不来长期的尊严，真正的心安才能给自己带来永久的尊严，安顿的心灵才能给人带来幸福，让尊严获得居所。十二章检欲篇有言，"五色令人目盲，五音令人耳聋，五味令人口爽，驰骋田猎令人心发狂，难得之货令人行妨。是以圣人之治也，为腹不为目"，向圣贤、向有道的人学习，适度地消费，"为腹不为目"，做一个拥有富贵心的人，朴实纯粹、淡泊名利。

四十七章

一、原文

不出户，知天下；不窥牖，知天道。其出弥远，其知弥少。是以圣人不行而知，不见而名，不为而成。

二、注解

天道：自然的规律。

不见而名：指不窥见而明天道。名，通明。

不为：无为。

三、译文

足不出门外，能够推知天下的事理；不望窗外，能够了解自然的法则。越向外奔逐，对道的认识也越少。所以圣人不出行却能感知，不查看却能明晓，无为而能成功。

四、纵横谈

本章鉴远篇"不出户，知天下"，太史公言，"究天人之际，通古今之变"。

老子主张顺天道以行人事，即观察天道、记录人事，循道行事，方能够运筹于帷幄之中决胜千里之外。

"其出弥远，其知弥少"，活受罪的人，缺乏定力的俗人，经常被外境所牵引。❶

"不见而名"中的"见"，即透视自我，内观反照，重视内在的直观自省，加强自我修养，清除心灵上的蔽障，以虚静的心境，去览照外物，去了解外物运行的规律。

"是以圣人不行而知，不见而名，不为而成"，圣人善于探索规律、抓住规律并运用规律。"不窥牖，知天道"，不向窗外张望，即可推知天下的事理，知晓天道自然。

贫穷、富贵是个数，数由德性、道性决定，顺道者得天道加持，则好的事情得以延续。生死不过也是个数，万贯财难保百年寿；灵台光不灭，三寸息永存一念间。常言道，穷人的孩子命硬，"硬"在何处？困苦的家庭教育环境导引小孩子，倘若立志，则立长志，并且志向高远。唐代诗人杜荀鹤《小松》："时人不识凌云木，直待凌云始道高"，如此见识则丘壑在胸，能够澄怀致远。倘若从小开始，在长期的习练中，强健体魄，掌握知识，则令技能娴熟，在社会实践的风浪中成长、成才，从而可以得到更好的发展。

修炼性命磨炼的是身心，身康体健则精气神充足。精气神是物质、能量与信息的整合体，拥有气和磁场，当身心具备了一定的能量，就可以更好地运用身体内外的能量管理自身。尝试找出清静无扰的小段时间，闭门不出，净化俗气、俗念，以提高道气养精蓄锐，让自己的神识重返先天的灵性，人体结构与隐存的道体系相呼应，得到道力的加持，沉静的心灵制服外来的各种扰攘，浊气下沉，清气上扬，符合道性，如获神助。

借助道开发潜能、挖掘潜力，无为无不为。道的隐含力在演化中，人德行的修养也在日日行进中，有了这个因缘，人可以获得道气相助，潜能怎会不开发呢。潜力是在心态的作用下产生的气能量，意到、力到，效果就产生出来。"大

---

❶ 参考：熊华堂. 生活中的道：和你一起读《老子》[M]. 北京：中国物资出版社，2012.

象无形，大音希声"是大境界的用道者物质磁场超俗的表现，这个境界中的道者与道相合，不显奇异之象，形象平常、朴实，在平常人看来，其不用言语心中之想即能产生效应。

道是宇宙中煅造、人类认识不断提炼的结果，富有多重的性能。道幻化成无形的体融入生命，为万物所用，天清气朗，人的心情也感到清明，人人都有过如此感受，人与周边环境息息相关，因为万物同源。从本章可以得知，老子道体拥有无穷的能量，能够超出俗体之外，在"不出户"的内境中，具备远距离捕获物质信息的力量载体。老子作为掌握众生命根的大道人当之无愧。

四十八章

一、原文

为学者日益，为道者日损；损之又损，以至于无为。无为而无不为。取天下者常以无事；及其有事，又不足以取天下矣。

二、注解

为学：是指探求外物的知识活动。

为道：是通过冥想或体验以领悟事物未分化状态的"道"。老子是第一个分别损与益的人。❶

无为而无不为：不妄为，就没有什么事情做不成的。"无为"者言其因，"无不为"者言其果。❷

取：为，治。

无事：无扰攘之事。

有事：政举繁苛。

三、译文

求学一天比一天增加（知见），求道一天比一天减少（智巧）；减少又减少，一直到"无为"的境地。如能无为那就没有什么事情做不成的了。治理国家要常清静不扰攘；至于政举繁苛，就不配治理国家了。

---

❶ 转引自：陈鼓应. 老子今注今译 [M]. 北京：商务印书馆，2003.

❷ 转引自：陈鼓应. 老子今注今译 [M]. 北京：商务印书馆，2003.

四、纵横谈

现如今是学习型社会，不但要学起来，而且"为学"与"为道"应当同治。"为学"以日益获取知识、经验，掌握技能并提高能力，诸葛亮《诫子书》关于"为学"有言曰：非学无以广才，非志无以成学；若探究事物的本源，就需要"为道"以修炼生命的精神境界。不妨考虑生命之灵魂将寄存在何处？能否被哪一个人回忆、想起？能否做一名"长"寿者"死而不亡"？"死而不亡者寿"，若存活则非行尸走肉，吾辈当思考、当自强。

"为学者日益"，坚持学习增加自己的知识、培养自身的技能和才干；"为道者日损"，学道、守道从而修道，进行修心的自我改造，去除私欲、放下杂念，打扫自己的心地，给心灵一片空阔的田地，让灵魂纯洁并且找到皈依之所，以此使心灵走上更高的道德境界，为自己达到无为之治的境界垒积、构建思想上的资本。

为学力行，道行渐长。生活、工作中不会没有挫折，要知道各种各样的挫折总会出现，面对挫折，我们能否突破困境由多种因素确定，其中一个重要因素是我们的心态，用不着悲观失望，心中要明白，生活并不完美，要相信我们自己的价值，每一个人都是上天的佳作，上苍肯定会给我们机会克服挫折，只要你自身对自己有信心，能够自信每一刻，加上自身的努力和坚持，有一天你一定会发光放亮。

增长见识，扩大气量，日益长养个体的德性。增长自己的见识，使自己的气量更宽宏，人的道德水平也会随着气量的增长而提高。《菜根谭》中有言，"德随量进，量由识长。故欲厚其德，不可不弘其量；欲弘其量，不可不大其识"。所以，人的德性、心胸之气量是和他的学识相关联的，不学无以达识，贵在学起来。

本章忘知篇提倡修行"无为"之境界，"取天下者常以无事"，"无为而无不为"，达到了"无不为"的境地，就没有取不到的经，没有办不成的事。心理障碍被排除，摆脱了魔障，没有思前想后的焦虑，故而能够一往无前，无为的状态下做事将会一发中的。

四十九章

一、原文

圣人常无心，以百姓之心为心。善者，吾善之；不善者，吾亦善之，得善矣。信者，吾信之；不信者，吾亦信之，得信矣。圣人之在天下，歙歙（xī）

焉；为天下，浑心焉。百姓皆注其耳目，圣人皆孩之。

二、注解

常无心：无心者，无私心也。❶

歙歙：纳气入内，收敛意欲。歙，收敛，指收敛主观的意愿。

浑心焉：使人心思化归于浑朴。

百姓皆注其耳目：百姓都专注他们自己的耳目。注其耳目，即交叉耳朵、闪着眼睛。交头接耳，大眼瞪着小眼，呈滋事状。

圣人皆孩之：圣人孩童般看待他们。

三、译文

圣人没有主观成见，以百姓的心为心。善良的人，我善待他；不善良的人，我也善待他，这样可使人人向善。守信的人，我信任他；不守信的人，我也信任他，这样可使人人守信。圣人在位，收敛自己的主观成见与意欲；治理天下，使人心思化归于浑朴。百姓都专注他们自己的耳目，圣人却孩童般看待他们。

四、纵横谈

执政者与百姓关系的处理。顺众生，顺应民众的需求和心愿，民心是镜，民心如天，混迹于百姓中，得民心者得天下也。

本章任德篇，"百姓皆注其耳目"。一方面是百姓对于执政者的仰仗和依靠，另一方面讲执政者得学会感谢、感恩民众对执政者的观察与监督，所以作为执政者要善于倾听老百姓的心声，减少决策上的失误，避免专权专制而酿成祸端，提倡民主与监督，反对专制和腐败。普通民众素质、修养越高对执政者的维护越周全，故应当爱护民众、百姓，古语"水能载舟亦能覆舟也"。

"圣人皆孩之。"圣人、侯王以善心、诚心扶持百姓的生产和生活，庇护和鼓励百姓发展生产，爱民如子，就像父母对待子女那样关注其在多次与错误打交道的过程中走上正确的道路而逐渐获得成长、发展，这是执政者具备的公仆意识的体现，注重对民众、百姓的呵护。

执政者的素质能力要求。圣人乃有德之人，有德之人怀物，当胸怀天下。本章"圣人常无心，以百姓之心为心"，圣人的良苦用心有海量的宽容，坐拥面对被误解的忍侮能力，有高度的理解能力。以百姓之心愿作为自己的心愿。恒顺众生、听取民意，平等对待百姓，百姓皆王之子民，率土之滨莫非王臣。就国家建设与管理而言，无为是以民有为作根本，无为是辅万物之自然，按客观规律行

---

❶ 转引自：陈鼓应. 老子今注今译 [M]. 北京：商务印书馆，2003：254.

事。"以百姓之心为心",以百姓、民众的利益为旨归,正如中国共产党将人民对美好生活的向往作为我们党的奋斗目标一样,不辜负百姓对执政者寄予的厚望,执政党成员任重而道远也。

善。"善者,吾善之;不善者,吾亦善之,得善矣。"对待善人、不善之人时,保持一颗平等之心,不作分别,但是在事相上加以区别对待,否则就没有了是与非、对与错。对待不善之人进行呵斥或用严肃、凶悍的面孔责备,这是教育、教化的手段,使不善之人改过迁善,所以解决问题的时候要讲究方式、方法。

修心是心灵的自我革命。首先净心,使心广大无碍,清净无染,心心相印,息息相通,通达心法,即明了修自心之法,可广博,也可精要,即一言半句,可以直契心源,心清体静,恰似水清明月出现。修心使心淡泊,在现实生活中,同样多的事情,有的人焦头烂额,有的人却泰然处之,就是因为生活当中的智者懂得在忙碌的生活之外,存一颗闲静淡泊的心,寄寓灵魂,即使因忙碌而身体劳累,自心仍然能够洒脱自在。

修心,将心放在一个广阔的天地中,心中有道,走好自己前行的道路。保持心灵的清静和头脑的冷静,在越来越激烈的竞争中保持进取心和拼搏精神,不用扬鞭自奋蹄,追求个体想要的人生,妄念同灰烬,真心并日悬,心怀感恩之心,感谢教化、护佑之恩,胸有报效国家的心念。内观自行之浅深,外稽瑞应之胜劣。放下万缘,死尽苟且、偷懒之心,专心做事,至诚至敬,做救赎自己灵魂的主人,因为人因灵魂而高贵,心净则美好景况触目现前,心秽则心入地狱魔鬼随身。所以,生当尽忠,死则尽孝,出则尽瘁国事,入则不寐念心,反求诸己,革除自身陋习,痛改浑身上下的不良习气,培养自身的力量铲除自己的病根,查找思想上的根源,自病自治。

修心,考验的是个体"内圣"的功夫。功夫有多高?心如水,知止,即心静如水。我们可以观察,那些拿到奖牌的冠军,哪一个不是将技法与心法的运用处理得当呢!所以,少艳羡他人头面上的光环,多思考获得冠军之人吃过的苦有多少、其格局有多大、情怀有多深,只有静下心来,反思、修心,也唯有如此,自己才可以得遇贵人相助,所谋之事才能水到渠成。

修心的主要功夫是禅定。把不好的行为修理掉,称为修身,也称为修行。修心而不虚枉、不矫情,天地自然相保,就是自然、天地也来保全修心之人。

王阳明所说的花与我心同在,推而广之就是天地万物皆与我同在,一心之中,可以存有天地宇宙、可以生出万千气象。这一切,只看你心的大小、悟的浅深,心自是万物之主宰,心兵不乱,万事从容,故此心光明。

修心是治身、行善积德的过程。方法有多重,其一,欲正人者,先自正心,身心俱空。王阳明构建的阳明心学主张知行合一,他推崇并大加发挥南宋陆九渊提出来的"心即理"学说，王阳明关于教育作用的主张，"即是明心、存心、求得其心，即是去人欲，去习染，即是存天理，去人欲"❶。心多欲，耳多惑，欲多作妖，断欲作圣；惑多成魔，除惑曰贤。

修心即修德，生活实践中"炼德"是做人的根本。省心积德，积德是成道的诀窍。灵性智慧不易得，灵的程度深浅，学道开启灵性，学会全面地看事情，和气自己情绪的前提下，去理解他人心里所思所想。从人性的心态省心修悟出境地，变成觉悟者，从思想上转变成一个合道者。

德是修心的技术。生活中做事情不顺利，为什么？道性未明，所以难逃如此劫难、难辞其咎。所以，修积炼心的功德，遇难事不绕行，多个思路去解决，多与困难打交道。祛除杂染，澄净心念，凝聚心神，专心务道，行道生活化，在社会生活实践中循道修德。

修心，先断习气。习气是我们前行中的障碍，修行人最大的障碍是心中的执着，放下一分得一分的清凉。只有让心清净了，心到了清凉地界，外在的事物才会慢慢地清净，人的心才不被外在的是非对错困住，这样就增添了心的力量，即便毁誉来临也会不动其心，很有定力，眼观形色内无有，耳听尘事心不知，处之泰然。

调心，心猿意马宜自调。心邪则业风自生，心正则业风自止，慧日发辉，皆系于心，非他人、他境所能传授。心差、心有万境纵横、心异千差竞起、业雾顿起，心邪诸毒萦缠，心平法界坦然，心正一道坦然，心空一道清静。把不好的念头修理掉，即为修心。

修心，需要过心地一关。关键在于用心擒住欲念，男生收回精的外用、女生收束意的神驰，若身体有欲念依靠收心，依靠你的自心去实一个"空"字，也就是生理与心理互相影响，真正做到心中把持一个"空"字，则可以精华内敛，欲念自然会空，所以身与心这两件事要互相为用。必须弄明白的一点就是心念是根本。真能够心空于一念时，意欲即了矣。将妄念调伏，发现我们清净的自身。

修心先省心。省心，注重观察好事的负面，谨防骄傲自负等不良情绪产生，省心从去欲望、养真气、习禅定开始，完成生命的觉醒。禅是真、善、美的完整体现，无处不在，可谓禅之天地，无所不包，遍及自然现象、社会生活、心理状态、审美意识等，无不体现禅，仰仗获禅阅者的观察与体悟，真可谓行坐皆是禅，语默动静体安然。

修心从虚心开始。因为谦虚是进步的阶梯，保持谦虚，将永远走在进步的路上。治心，一路修为，净化心灵，实现精神境界的自我超越。人之为人在于人的

---

❶ 王炳照，郭齐家，刘德华，等 . 简明中国教育史 [M]. 北京：北京师范大学出版社，1994：190.

精神境界，人的最高境界是精神世界的完满，不是名利的多与寡。

修心，修诚敬心，即虔诚心、恭敬心，讲究慈爱，仁慈、仁爱。若心不修，将失去慈爱，滋生出有害心，若长养了私欲心，则将包藏下祸心。所以，修心不离心之方寸，从中"心"下手，时刻观照自己的一颗心是否圆融，常常反省自己的过错，痛苦和烦恼就会减少，努力改变自己。追求内在的世界，追求思想的超越。自心明了空与色相世界，学会内观、自省，修为中感受觉悟、喜舍，体悟重生的妙心，获得自在，感受思想上的解脱与超越。

在"能知的心"上努力下功夫，研究"道"之理，了悟宇宙、人生的真谛，深入理解、掌握知识和技能。当我们"能知的心"攀登至最高峰，大智慧、大能将自然而然地显露。

用道心去看待物质上的财富，以减少对精气神的折损。呵护心灵，强健身体，稳着、收着道心，低调、内敛，以长养道气，道气是无形的物质，能够积累精神上的资粮。道为宗祖，万物由道滋养，以忠孝心顺道行，则能得到"道"的加持，依道法化迷开悟，开启智慧。

养心，明白生活简单、纯粹的真谛，在生活实践中打磨自己的心态，避免事端，专心一处，行道修心。

五十章

一、原文

出生，入死。生之徒十有三；死之徒十有三；而民生生，动皆之死地，亦十有三。夫何故？以其生生之厚。盖闻善摄生者，陵行不遇兕（sì）虎，入军不被甲兵。兕无所投其角，虎无所措其爪，兵无所容其刃。夫何故？以其无死地。

二、注解

出生入死：人出世为生，入地为死。

生之徒：生即长寿，属于长命的。徒，类，属。

死之徒：死即短命，属于夭折的。

十有三：即十分之三。

生生之厚：厚自奉养以求生。生生，过分奉养。

动皆之死地：妄为而走向死路。

善摄生者：善于养护生命的人。摄生，养生。摄，调摄，养护。

兕：犀牛。

入军不被甲兵：战争中不会受到杀伤。

无死地：没有进入死亡的范围。死地，死亡的范围。

三、译文

人出世为生，入地为死。属于长寿的占十分之三；属于短命的占十分之三；过分地奉养生命，妄为而走向死路的也占十分之三。为什么呢？因为奉养太过度了。听说善于养护生命的人，在陆地上行走不会遇到犀牛和老虎，在战争中不会受到杀伤。犀牛用不上它的角，老虎用不上它的爪，兵器用不上它的刃。为什么呢？因为他没有进入死亡的范围。

四、纵横谈

本章贵生篇讲述和平相处、建设家园、贵生养生与用兵动武、耽溺于战争之辩的新视角。

养生论。喜乐清净，少私寡欲，顺任自然，养护生命。养生，首要做的是戒贪，有节制，面对生命淡定、从容，不求生死，遵从天命。养生之道讲究道养，顺"道"而行，顺应自然之"道"，保存无穷生命的个体差异，展示生命的绚烂多姿以维护宇宙、自然的生态平衡。

道家讲究生命的长度，这里的长度一方面是指达到人的天寿，长养年寿，从而颐养天年，若能尽养育孩童、赡养孤寡鳏（guān）独泛指没有劳动能力、无依无靠的人。老而无妻曰鳏，老而无夫曰寡，老而无子曰独）者的责任那是再好不过的，大功德于无形无言中悄然而立矣。

健康的家是营造高生命质量的净土、乐园。家庭是社会的最基本构成单位，以家知家，以国知国，进而以天下知天下，家家和睦，则处处祥瑞。林则徐亲笔书写广为流传的《行舆日课》中有撰联："苟利国家生死已，岂因祸福趋避之""海纳百川，有容乃大；壁立千仞，无欲则刚"，由此可以看出他的心愿，林则徐焚毁鸦片烟的时候，没有考虑个人的安危，只考虑国家民族的利益，后来被发配新疆建设边防，他这是把个人的荣辱得失放在一边。林则徐的壮举感化了很多人，受到了大家的尊敬和崇尚。现在，英国伦敦的蜡像馆，对于中国清代历史人物就选塑林公的像，这说明历史自有公论，林则徐的子孙后代也非常发达兴盛。这说明行善就是利人，从长远角度言，利人也是利己。

运用幸福的权力，建设欢乐的家园。心幸福，日子才轻松，人得到自在，一生就值得。一个人一生要做到的两件事，一是照顾好儿女，最起码不危害社会，二是照顾好自己的身体，等到年老时最好不拖累儿孙；一个人一生的财富有两个，第一个是健康的身体，第二个是拥有良好的心态；一个人一天要坚持做两件事，一件是寻找开心，另一件是学会让自己快乐。一生中最柔软、最动人的地方就是这方寸之心，学会改变对事物的认知方式，选择愉快地生活。所以，好好珍惜身边的人，学会调整把握自己的情绪，别翻脸比翻书还快；再好的缘分也经不起敷衍，再深的感情也要珍惜，只有为你装傻的人，没有绝对的傻瓜。幸福家园的建设离不开每一个鲜活的生命。

贵生就要守住生命力。做到心不贪求，则人的各穴，诸如耳、目、鼻、口等孔窍，不会试图去占有个体因为有所欲望而想得到的身外之物，知道适时关闭自己各个感觉器官，禁得住外在事物、外面世界的诱惑，即"知止"；息止贪婪的欲望，不舍本逐末，不因追逐名利而役使生命之体超越生理极限，以至于终身妄作而迫使自身各器官失去协作能力导致功能被废，最终因伤害健康而祸及性命。所以当学会"知足"，知道自己心智的能力，明白自身心理、身体承载负担、困苦的承受力，做事"知止"。

盖闻善摄生者，入军不被甲兵。做好事，存善心，做善事，好报备，做事不亏心、不亏理，险恶的事情不会上身。假若两军对峙，枪子像长了眼睛，准星瞄对不上，因为您长期的善的修为，长养了自身的正能量，所以得到了护持，如有神人相助，如贵人在帮忙度过性命攸关的时刻。人生不是得到或拥有什么，而是给与他人什么，报恩慈济心切，则心行易相应。让别人去享受吧，我们接着工作干活，这就叫福报，奉献他人就是在为自己培植福报，学会吃苦，吃过了苦，苦尽甘来。朴实、低调，实实在在做人，蓄养感恩的情怀，心中感多少恩情，生活中就遇到多少福报。

本章中"善摄生者"德厚，善护生者得寿，仁者寿，益寿延年。养道，除去身心中的障碍，防范疾患病苦的发生。"陵行不遇兕虎，入军不被甲兵"，善性积聚是行道者境界结的果，德的良善能量场震慑了对方，具备了无与伦比的感化力量。

国与国交战争前双方掌舵人用德，以减少生灵涂炭。呼吁世界和平以减少政治操弄引发的人祸之灾难将是主旋律，同时，向历次征战、面对危险处境与死神较量的英雄们致敬。高贵的灵魂不以工种、不以人的肤色，更不以人的穿着评判。如果说聪明是天赋的话，那么，善良的修为是一种选择。被选中的勇士、主动请缨的将士前往人间炼狱，以血肉之躯奇迹般地完成了生死考验的艰巨任务，"死亡行动"产生了顶天立地的英雄，他们顾全大局，不卑不亢，备受磨难，却一往无前，在生死的考量面前，把生的机会留给众人，自己去冒险、去救助、去支援。

在天灾人祸前渺小的人，劫后余生中生命的张力和韧性无比顽强。种子在荒芜之地开出娇艳的花，在废墟上拾起瓦砾砌筑坚固的城墙，垒砌一个新的安乐窝。单纯、善良的人们用微笑勾勒着天堂的样子、用微笑展示生命的张力、用微笑袒露人之为人的尊严，生命的尊严发射着万丈光芒。人祸比天灾更令人痛心，在人类命运共同体建设进程中，一起呼吁把人祸降到最低。

识人之才能易，识人之忠贞难。生而为英，死而为灵，生的伟大，死的光荣，为抢险中、为战场上的勇士们祈祷，为他们燃一炷心香，让事故、疾病、枪炮都躲着险境、战场上的好儿郎。

热爱生命是自然界演进中的主旋律。学会生命、生存、生活的自我教育，因为活着、健康是一种责任。以意志保全身体，同时，为了保持健康，练武强身，加强锻炼，因为在和平的年代、祥和的国度，什么都大不过生命。有幸生活在和平的国度是我们同为中国人的骄傲。

贵生养生中，培养自身耐力与长寿为伴。坚持良好的作息，饮酒要节制、三餐要合理。无论境况如何，勇敢、乐观地存活，因为每个人都有天生的任务和使命，也都有他降生世间的特殊理由，地不长无名之草，天不生无禄之人，谁也不能取代他人的角色。活得老，活得好，活得久，活得应有尽有，老有所为，年老体健的老者再次就业，发挥余热，找事做，经常做好事，积极参与公益事业建设，因为通过做事情可以提高人的精气神，修养人内在的灵魂。

浮露而不深沉者，其寿不永，心中储存阳光，必有远芳侵道。天不假年，心里有温暖，怎么会惧怕人生荒凉？个体的人庇护其所在的空间、区域和周边环境的和平、安祥、幸福与圆满，做一个具有"大"胸怀的健康、快乐的人，使自己所在的空间、区域和周边环境，所在的国度成为风调雨顺，处处和平的人间净土与天堂。

五十一章

一、原文

道生之，德畜之，物行之，器成之。是以万物莫不尊道而贵德。道之尊，德之贵，夫莫之命而常自然。故道生之，畜之，长之，育之，亭之，毒之，养之，覆之。生而不有，为而不恃，长而不宰，是谓玄德。

二、注解

莫之命而常自然：不加以干涉，而让万物顺任自然。

亭之，毒之：定之安之或成之熟之，此二句意思是使万物安宁其心性。毒，

有禁而不犯、苦而使坚之义。❶

生而不有：生长万物，不据为己有。

长而不宰：长养而不主宰道。

玄德：最深的德。

三、译文

道生成万物，德蓄养万物，万物呈现各种形态，环境使各物成长、成器。所以万物没有不尊崇道，没有不珍视德的。道所以受尊崇，德所以被珍视，就在于它不加干涉而顺任自然。所以道生成万物，（德）蓄养万物，使万物成长发育，使万物安宁其心性，使万物得到爱养调护。生长万物却不据为己有，兴作万物却不自恃己能，长养万物却不为主宰，这就是最深的德。

四、纵横谈

本章谈老子哲学基本精神之自发性。道的创造过程是自然的，依道而行，物的成长活动是自由的，故要因循自然，循道而为。

老子哲学和道文化的生命活力，在道家文化修性养命、性命双修中再现。崇性德，遵守道的秩序和规则，断恶修善不废修德，性德是体，心是性德之用。崇尚好德性，提倡民众存感激、敬畏之心，厚德方能载物，自心光明，则勿复他言也。

道为体，德为用。道在运动，与易相通，和谐不是静态的和谐，和谐是竞争之中的平衡状态。原则性的问题就要据理力争，不当墙头草，不能和稀泥，这才是真正的随和。

德是社会契约，是思想与行动的统一，即修养德行。德行就是人不但在心中因循规范，并且在实践中将规范加以习行。德是人做事时候的一种选择，这种选择是对道德规范的尊崇，故君子尚德。政治上"敬德"才能"保民"，所以"敬德保民"是德教的核心，民众养成良好的德性，国家政德引导是关键，有德方能得到天帝的护佑。道德和谐，道德一阴一阳，一后一前，道德平衡就在于内在的和谐性。❷ 道德在每个人心中的位置都非常神圣。

第三十二章圣德篇"民莫之令而自均"是说人们无需指令而"道"之养物犹甘露之自然均普。本章"夫莫之命而常自然"言无人指令而"道"能自然化育万物。道的自发性，自然均普、自然化育。"道"若为人则具有多么高贵的品行，正如品德高尚的人"不用扬鞭自奋蹄"也。

---

❶ 转引自：陈鼓应.老子今注今译 [M].北京：商务印书馆，2003：262.

❷ 元君.生命的智慧 [M].北京：中央编译出版社，2014：69.

"玄德"，凡人类都应该注重道德，在国家与社会的管理中树立尊道而贵德的典范。有修为者方能传道德之脉，延续生命的真谛，生命的价值所在即创造和奉献，以公德心处理身边的事情，去除一己私心，这是奉献。尼采说道德是对弱者的同情。作为万物之灵的人，若启动内生动力，挖掘自身潜能，何为不成？何治不功？

尊道贵德，这是惜福之行。人间崇尚真善美，奉献、付出是真正快乐之源，而不是向他人求取什么，这是在"培"福，也是在养德，更是尊道贵德的实际行动。传承道，用道德感化，以文化人，先化自己，自身以平等之心做无量的付出，即使是在逆境中，也要不断发挥自我的功能，付出自我的力量，这样待到回首时会无惭、无悔、无烦恼，以此来发展自我，友爱社会，个体本有的、丰富的潜能也得以展示，此刻的快乐是自我实现、奉献社会后的真正快乐，并且能够促使自己与周围人的感情得到磨合，自身也感受到生活的滋润与美好，凭添清甜意味和生之乐趣。

历练个体的公德心，培育慎众的教养。珍惜公共资源，呵护公共空间，一起经受公共生活的考验。欲公德心普行天下，自慎众教养培育始。与"慎独"相对而言的一种高贵品行是"慎众"，有羞耻心、知荣辱是慎众行为养成的立足点。慎众的教养，是高素质的体现，是公德心的展露。没有人能够离开公共场合而独立生存，这就涉及个体和他人的关系，涉及个体的行为举止给他人带来的影响。

一个人在社会上工作和生活，做好自己的同时，心里一定得装着他人。没有人不利用公共资源，但是若将公共资源据为己有，或肆意破坏，则有可能侵占了挽救其他人财产和生命的通道。所以，个体的人作为社会整体的一个独立成分，其所具备的公德心投射着他本人的素质，是其教养的体现。能够体谅他人，尊重社会公德，美好的行为将展示出个体生命的人格魅力，是高贵举止的亮相，骨子里的教养在公共场合会令人感喟，即使衣衫褴褛满身泥土也磨灭不了一个人品质的高贵，而且会令周边的人肃然起敬。话说颜值，高的颜值是隐形的翅膀，令人艳羡，虽然面貌难以改变，但是气质可以修炼，具备公德心的慎众修养可以让个体生命拥有可以令人倾倒的气质。

普及德性，健全人格。树立公德意识，培养精神品质，进行品德训练，增强道德的自觉性。成人比成佛难，做有觉悟的人，提高道德意识和道德水平，德政与法律相济，促使人达到完美的品格，与时前行，一方面制止外在的恶行，一方面净化内心以成就善行，适合时代需要，建立人间欢乐园。物以类聚，人以群分，若你周围的人个个进取、乐于奉献，朴实、真诚、坚韧，具有极高的道德感，那你也可以变成好样的，具有一股特别的侠义之气，那么你久入芝兰之室不香才怪呢！这是环境熏陶的成果，真可谓"近朱者赤"了。

漂亮的心必定有漂亮的一生。努力培植德行，正道做人，利益大众，累积阴德、实力，低调、酝酿、累积，脚踏实地，善为善应永远不会有差错，做好的、对的事，事情本身就在向天地神明祈祷，无用卜问即知将有好的结果。道德上进境，中国文化中有这样两句话，"道高龙虎伏，德重鬼神钦"。如果人的行径、行为与道相符合，则心灵会产生喜乐感受，因为作为万物之一的人类，也是因道而成形。

所以，真正的高贵不是衣着光鲜，它根植于个体生命的精神气质中，融化在骨子里，是由皮肤底层渗透散发出的令人炫目的高尚情操，这成就了日常生活人际交往中自然流露出来的优秀品质和良好习惯。需要深入挖掘道德价值的发展性，强化德性目的的个体意义，弥补德性动机匮乏的弱势，中和德性内容的保守内省趋势。

继承、发展优良传统并加以创新。在继承传统生存性道德价值时，应坚守"生存性"道德中的普适性意义，对生存性道德再诠释，使传统与现代会通，挖掘生存性道德中的后现代性价值。中国传统文化中的道德人格设定具有"生存性"特征，倾向克己与内求。而当下时代渴求的人才不仅要能自我约束，还要能批判创新、开拓进取以应对激烈竞争，有"发展性"需求。传承中国传统文化的道德精髓，保障集体这个大家庭生存稳定基础上，发展有益于个体自我实现与社会发展进步的德性，传承科学精神并培育创新意识以勇于探索真理。❶

多寻找机会或者定期地参加慈善活动，在无私、忘我的奉献中复苏心灵。如果想要生命更精彩，那就利用更多的机会去为更多的人做奉献。平凡不可怕，但是如果感觉到自己生活过于平庸和无奈，那就要立马行动，换一种新的活法，在为民众的服务中做一个新生的自我。空虚、孤独不在于有没有人在身边，而在于内心有没有顺应时代前行的方向，有没有心量去关怀他人。快乐源于奉献，总是想着怎样让自己快乐的人，不会得到快乐，恰恰相反，时时刻刻握住机会去帮助他人的人，快乐之鸟总会萦绕在他们的耳边歌唱。

参与慈善活动，拥有慈善行为，富者乐捐则贫者受补。一方面救助眼前的困难，另一方面与众人结善缘；一方面体察苦难、策发愿力，另一方面在这个过程中调伏自身的烦恼习性，积累福慧资粮，然后才能在无限生命中，以无限的耐心、智慧和福德，去普惠众生。用修为的心参与慈善事业。

---

❶ 全晓洁.从生存到发展：学校课程对传统文化道德价值的继承与超越 [J]. 河北师范大学学报：教育科学版，2019（3）.

五十二章

一、原文

天下有始，以为天下母。既得其母，以知其子；既知其子，复守其母，没身不殆。塞其兑，闭其门，终身不勤；开其兑，济其事，终身不救。见小曰明，守柔曰强。用其光，复归其明，无遗身殃，是谓袭常。

二、注解

始：本始，指道。

母：根源，指道。

子：万物。

塞其兑，闭其门：塞住嗜欲的孔窍，闭起嗜欲的门径。

勤：劳。

开其兑，济其事：打开嗜欲的孔窍，增添纷杂的事件。

见小曰明：能查见细微的才是"明"。

强：自强不息的"强"，健。

用其光，复归其明："光"是向外照耀，"明"是向内透亮。吴澄说："水镜能照物谓之'光'，光之体谓之'明'。用其照外之光，回光照内，复返而归藏于其内体之明也。"❶

无遗身殃：不给自己带来灾殃。

袭常：承袭常道。"袭"古通"习"，因循或遵循，即练习。

三、译文

天地万物都有本有始，道作为天地万物的根源。如果得知其根源，就能认识天地万物；如果认识天地万物，又持守着万物的根源即持守着道，终身都没有危险。塞住嗜欲的孔窍，闭起嗜欲的门径，终身都没有劳扰的事；打开嗜欲的孔窍，增添纷杂的事件，终身都不可救治。能查见细微的叫作"明"，能持守柔弱的叫作"强"。运用智慧的光，返照内在的明，不给自己带来灾殃，这叫作永续不绝的常道。

❶ 转引自：陈鼓应. 老子今注今译 [M]. 北京：商务印书馆，2003：266.

四、纵横谈

本章归元篇说"袭常"，三十六章为政篇谈"微明"。

不知道内视本明的智慧，所以容易迷失自我。身处物欲横流的社会，练就内蓄的功夫以减少外溢的机会，逐渐趋近养身、养生的智慧，向内求取悟道，达老子论道"敝而不成"之趣味。

"守柔曰强"，人际关系中，保持温和的态度、做事时语言表述不生硬，能够维护多方关系的弹性空间，所预期的目标才有望实现，若态度急躁、言语强悍，则会事与愿违，不仅目标达不到，而且会令气氛僵滞，人际关系紧张，于诸事不利。

保持柔和的态度是维护自身优势的前提，能够谦下才是真正的高明，如此可以避免灾祸保障能够相对顺利地处事，这也是对道之规律性的遵循、对道的坚守。

五十三章

一、原文

使我介然有知，行于大道，唯施是畏。大道甚夷，而民好径。朝甚除，田甚芜（wú），仓甚虚；服文采，带利剑，厌饮食，财货有余，是谓盗夸，盗夸非道也哉！

二、注解

我：指有道的治者。

介然有知：微有所知，稍有知识。介，微小。

民：人君，民人。

施：邪，斜行。

夷：平。

朝甚除：朝廷非常败坏。除，败坏。

厌：饱足。

盗夸：大盗。

三、译文

假使我稍微有些认识，在大道上行走，唯恐走入邪路。大道很平坦，但是民／

人君却喜欢走斜径。朝政腐败极了，弄得农田非常荒芜，仓库十分空虚；还穿着锦绣的衣服，佩带锋利的宝剑，饱食精美的食物，搜刮过多的财货，这就叫作强盗头子。多么无道呀！

四、纵横谈

若为执政者，无论是侯王还是圣人，政治治理中减少文饰雕琢，去除对太平景致的粉饰，舍掉浮华而尚静，则百姓安、民自治，人人皆谓"我自然"。

何谓"大"道。"盗夸非道也"，强盗行径违背天道精神。若"民好径"，聚物贪恋，则知足的社会风尚未养成，有待执政者的带动。知足是一种高贵的道德境界，是趋福避祸的精神武器，知足是具备恻隐之心人士的重要人格特征，有恻隐之心，方能有感恩之言行，方能对天地万物产生敬畏，而不是肆意妄为，大肆地搜刮民财以提供给某一个个体的人享受奢华糜败的生活。

劳动是至真之道，只有劳动才使人能够有尊严地活着。没有哪一个正常的人不崇尚那些能用双手创造生活的劳动者，只有劳动才可能使人在生活中变得强大。对人而言，劳动不仅满足了一般意义上的生存需要，而且也是一个人生命价值的体现。崇尚劳动是每一个国度、每一个时代都应高唱的主旋律，艰苦的劳作是满足生活基本要求的保障，劳动者永远是美丽的人，四肢健全而不劳动的人应该感到羞愧、丢脸，何况抢夺、劫持、贪污的行径呢？无论什么人，"盗夸非道也哉"！只有劳动才会受到人们的尊重。

劳动是维护劳动者尊严的法宝。无论从事什么职业的人，无论具备什么样背景，居于什么地位的人，如果不劳动，其作为活体的精神生命就停止了，用充实的劳动完成自己的生命历程，用劳动换取丰硕的累累果实可以极大地满足个体作为劳动者的尊严。锦衣玉食非掠夺，依靠劳动来获得。只有不丧失普通劳动者的感觉，描绘社会发展蓝图的人才有可能把握社会生活历史画卷的主流，并将主流社会劳动者的体验反应在自己的作品中被大众所接受，才能使个体所从事的工作具有社会价值，才能使个体实现人生价值，完成自我实现的心愿，获得满满的成就感。

没有人恩赐我们光明的前景，一定是依靠自己通过劳动，通过奋斗而换取。做理想远大的人，意志坚定，立志而胜则胜矣，将小我融于大我，不离开祖国利益和人民的需要，坚定自己的信仰，到人民群众中去接受教育、锻炼成长。担当时代责任，遇沙漠开掘井泉，不逃避，挑重担，克难关，保持艰险面前负重向前不觉吃亏，任劳任怨，在担当中历练，勇敢奔跑，德智体美劳全面发展。

劳动、创造本身是一种幸福。把希望建立在自己切实的努力之上，在不断的劳动和创造中体验到欢乐，只有诚实地劳动，才可能达到劳动者的至高精神境界，平凡生活的大树才会万古长青。劳动、学习有紧迫感，让劳动奋斗成为底色。知识快速更新，能力素质要求更高，珍惜韶华，提高内在素质，练就硬本领；面对艰巨任务，从小事做起，艰苦奋斗，用劳动和汗水创业绩，完成每一项任务，做奉献者。

人一生都在通过劳动、创造来证道。以道为光明之路，视道为自身一生之至宝，遵守道法，修习清正之心，磨炼正道之行，粗缯大布裹生涯，"是以圣人被褐而怀玉"也。

五十四章

一、原文

善建者不拔，善抱者不脱，子孙以祭祀不辍。修之于身，其德乃真；修之于家，其德有余；修之于乡，其德乃长（zhǎng）；修之于国，其德乃丰；修之于天下，其德乃普。故以身观身，以家观家，以乡观乡，以国观国，以天下观天下。吾何以知天下之然哉？以此。

二、注解

建：建树。

抱：抱持，有牢固的意思。

子孙以祭祀不辍：世世代代都能遵守"善建""善抱"的道理，后代的烟火就不会绝灭。

其德乃长：长，盛也，盛大。

以身观身，以家观家：以自身察照别人，以自家察照他家。

以国观国：以自己所待的国家察照其他国家。国，邦也。汉避高祖讳由邦改作"国"。

三、译文

善于建树的不可拔出，善于抱持的不会脱落，若子子孙孙能遵守"善建""善抱"的道理则世世代代的祭祀香火不会断绝。拿这个道理贯彻到个人，他的德会是真实的；贯彻到一家，他的德可以有余；贯彻到一乡，他的德行盛大能受尊崇；贯彻到一国，他的德就会丰盛；贯彻到天下，他的德就会普遍、普及。所以要从（我）个人观照（其他的）个人，从（我）家观照（别的人）家，从（我）

的乡观照（其他的）乡，从（我的）国观照（其他的）国，从（我的）天下观照（其他的）天下。怎么知道天下的情况呢？就是用这种道理。

四、纵横谈

本章修观篇，从架构看与儒家修身、齐家、治国、平天下——欲成就"内圣外王"的人生理想基本相应，即向内修身养性，表现于外即爱民治国，与"老学"的目的和旨归趋同。

欲修身先立德，德行天下，方可普济天下。老子主张守道修德，修养家国天下的人生观。修观，修正观念，收摄身心，令心摄在一处而不驰散，乃能起观。修正的观念在个人心上，不在事相上，回归觉悟的生活，用比较明净的世界观，才能看出过去、现在、未来生活中的美和诗意。

家庭的集合是因缘的具足，净化家庭，向善、向道。供养、赡养父母甘脂无缺是事相上，如能成圣成贤，或者向圣贤学习，并且奉行圣贤的教导和教诲，符合父母的希望，这是对父母真正的供养，也是真正的孝敬。例如，在良好家风的熏陶下，梁启超的九个子女都取得了不凡的成就，正如民间广为流传的那句话，"一门三院士，九子皆才俊"。

具备家国观念得大快乐。明白国大家小即是正念，会令拥有此念的人升腾起自豪感。有家有国才构成天下，家庭、宗祖、民族，"善建者不拔，善抱者不脱，子孙以祭祀不辍"，亲情熏陶，香火不断，则家业不绝得以延续，方至长久。当大事，祭如在，壳虽毁，灵尚存，慎终追远。

治理天下循道而为。天下乃神圣之物，尽量不用有为的、执着的方法去治理。换句话说，治理天下，当顺应"道"，循道而为，让更多的人通过认识无为法而觉醒，方可让各种族、各民族人民之间融合得更好，社会也会朝着和谐的方向发展，人类社会将更平稳并且迅速地跨入无为的、理想之境。

道大，天大，地大，人亦大。天下，是每个人的天下，每个人都是集体这一整体概念中一个个鲜活、独立的个体，从平等的视界出发，不难发现人人皆可称之为天下的王。所以，不经意之间，你在服务周围人群的同时，也在拓展个体认知的范畴，并促使自身更快地证悟出道理。

本章意在培德。"善建者不拔，善抱者不脱"，这里"建"和"抱"的对象可以是思想标准、道德规范、精神观念方面的真理或学问。"善建者""善抱者"在修德建功业、做学问时把握这些诀窍，可以受用无穷。

"养"道重在将无为之道继承、传递以延续后世。在反复学道、体道中，将所学的内容巩固并加以深化，将之根植于灵魂深处，唤醒沉睡的"道"的记忆，并坚持实践道，这是"善建者""善抱者""不拔、不脱"的完美表达方式。

观身，以身观身，内照形躯，收视返听。德的境界是渐进地、日积月累而来的，德的稳固性渊源于厚重的根基。德小时则润身能齐家，进而扩展至富乡邻，德大时则利国家益苍生。用好德行打造事业，哪能不辉煌，可见德的磁场效应所带来的影响力有多么大。行善、修心、积德的修为者遍尝这人间苦，吃得苦中苦，方晓甜上甜。

五十五章

一、原文

含德之厚，比于赤子。蜂虿（chài）虺（huǐ）蛇不螫（shì），攫（jué）鸟猛兽不搏。骨弱筋柔而握固，未知牝（pìn）牡（mǔ）之合而朘（zuī）怒，精之至也。终日号而不嗄（shà/yōu），和之至也。和曰常，知常曰明。益生曰祥，心使气曰强。物壮则老，是谓不道，不道早已。

二、注解

螫：有毒腺的虫子刺人或动物。又读 zhē，义同，用于口语。

朘：男孩的生殖器。此字又读 juān，意思是缩，减少，例如朘削，剥削之义。

精：精气充足。

嗄：嗓音嘶哑。

和：元气淳和。

益生：纵欲贪生。

祥：作妖祥、不详解，灾殃。

强：逞强，暴。

不道早已：已，停止。

三、译文

含德深厚的人，比得上初生的婴儿。蜂蝎毒蛇不咬他，凶鸟猛兽不搏击它。筋骨柔弱拳头却握得很牢固，他未曾知道男女交合而小生殖器却自动勃起，这是精气充足的缘故。整天号哭，但是嗓音不嘶哑，这是他元气淳和才能达到的。认识淳和的道理叫作"常"，认识常叫作"明"。贪生纵欲就会有灾殃，心机主使和气曰逞强。过分强壮就会衰老，这叫作不合于道，不合于道很快就会灭亡。

四、纵横谈

三十章俭武篇、本章玄符篇皆有此段："物壮则老，是谓不道，不道早已。"

心机主使和气曰逞强，故当因循自然。顺任自然，让个体的身体和心灵与周围物理环境、政治环境等相适应、相匹配。本章提出了童子生命自然生长与人为助力、干预、揠苗助长的问题。

因循自然章法。道法自然，行藏有道以达和谐平衡，才能可持续、长期稳定地发展。老子提出大道的新属性，"和，即和谐与平衡、节律与本能。一时的胜利，一时的收益，一时的得计，是容易的；难得的是常与明，永远正常，永远和谐，永远明晰，永远光明。"❶

终日号而不嗄，和之至也。"和"是伦理学说的基本理念，运行和生万物、和兴万事的和谐思想，以此去掉世间纷争，友爱相处，不以强凌弱，无霸凌行径，减少"污名化"现象，重视提高道德境界，心意柔软，以德报怨。

最珍贵的情感和道德精神是无私与慈爱。老子的伦理意念像婴儿般纯粹，这是人类最真、最善、最美的情感。本章"不道早已"，早已，快要完了。人的生命从孕育开始，胎儿七天一个变化，三十八个七天，共二百六十六天。赤子，德行单纯，心地善良，纯阳之体含蕴一身饱满的纯阳真气，正气充足，阴阳之气平和，无忧无虑。

蜂虿虺蛇不螫赤子，攫鸟猛兽不搏含厚德之物。蜂虿虺蛇、攫鸟猛兽这些动物尚且如此，而况于人类乎？守道养道欲成道修道者，修心积德，修为自己心地纯净，如赤子之体貌，则无论行至何处皆可得遇安然处境。

返还赤子之心，还童，修养深厚高远的精神境界。不得不承认每个人出生时是一样的，一样是赤条条来无牵挂；每个人出生那一刻又是不一样的，不一样在身世背景、家庭经济状况和富裕程度、能够接受到的教育环境等。不一样的环境下，演绎着自强不息的诸多故事。

自强人的梦为何会圆？拥有强烈的爱国之心、拥有赤子情怀，具备坚强的意志，其精神完备，坐拥仁慈的耐心世界，对周围给予人文关怀，困难面前，知其不可为而为之，自立自强的人能圆梦难能可贵也。

---

❶ 王蒙. 老子的帮助（最新修订本）[M]. 贵阳：贵州人民出版社，2013：213.

五十六章

一、原文

知者不言，言者不知。塞其兑，闭其门，挫其锐，解其纷，和其光，同其尘，是谓玄同。故不可得而亲，亦不可得而疏；不可得而利，亦不可得而害；不可得而贵，亦不可得而贱，故为天下贵。

二、注解

知者不言，言者不知：懂得"道"的人不谈论"道"，谈论"道"的人不懂"道"。

兑：指人之孔窍。

玄同：玄妙齐同的境界，即道的境界。

不可得而亲，亦不可得而疏；不可得而利，亦不可得而害；不可得而贵，亦不可得而贱：指"玄同"的境界超出了亲疏利害贵贱的区别。不可得，不分。

三、译文

懂得"道"的人不谈论"道"，谈论"道"的人不懂"道"。塞住嗜欲的孔窍，闭起嗜欲的门径，不露锋芒，消解纷扰，含敛光耀，混同尘世，这就是玄妙齐同的境界。这样就不分亲，也不分疏；不分利，也不分害；不分贵，也不分贱。所以为天下所尊贵。

四、纵横谈

本章玄德篇谈及培养与人合作的能力，做到和光同尘，敬业乐群。玄德，尊道而贵德也。

"玄同"为老子"道"之境界。在对待一切人或物时，不生分别心。不可得而亲，亦不可得而疏；不可得而利，亦不可得而害；不可得而贵，亦不可得而贱，指"玄同"的境界超出了亲疏利害贵贱的区别。不可得亲疏利害贵贱，即不分亲疏利害贵贱，贵其师，爱其资，智而不迷。

玄同，即是消除个性的小我。主动拆除隔阂，走出自我封闭的状态，在待人接物时心胸豁达，谦恭敬人，广结人缘，玄妙齐同的玄同境界，即道的境界。

和光同尘，与民同乐。注重团队合作，懂得分享果实。在生活中拥有谦虚、感恩的心，构建和谐的人际关系，方能得到领导的提携、扶持，获得友人、同事的帮助，才能遇到生命中的贵人。在人与人交往越来越密切的电子时代，切莫将自己置于荒野孤岛，在荣誉或利益面前沾沾自喜，富贵而骄，自遗其咎，将自己沦落至孤家寡人的境地。路是走出来的，一个好汉三个帮，这句话没说错。二十一世纪，学会与人合作，这是在奠定通向成功的基础。

四章无源篇和本章都谈及"挫其锐，解其纷；和其光，同其尘"。挫其锐，解其纷，将慈悲心置于其中。与百姓、与群众接触，磨炼自我，不会因为别人无意间的疏忽或无知而造成自己的烦恼，学着不让他人的错误认知、误解变成自己的负担，学着用感谢的心、感恩的心感知周围的人和事，在种种的境界中，改掉我们自身的习气。越是身处逆境越是感谢，感谢难逢的逆境带来的磨炼的机会，感谢得需历经多少劫难换来的多大的福报转换成为眼下让我们觉悟的烦恼，正如临空当头一声棒喝，幡然醒悟，悟开了。

学会与团队成员一道共渡时艰。共患难是人和人之间的黏合剂，通过共同克服困难或其他与人相处的环节，积累人气，久而久之人脉也扩而广之、铺展开来，这样有助于成就功业。学蝴蝶的破茧化蝶，思维灵活、机动，困难面前，善于调整、变化策略，适时改变方式方法，相信车到山前必有路、水到桥头自然直，山穷水复疑无路，柳暗花明又一村，与团队成员一起，信心满满地攻克重重困难。

团结不是捏合、不是攥到一起，而是齐心。俗语说人心齐泰山移，和光同尘，敬业乐群。一切妨害团结的现象就必须排除。砌一堵墙难，拆一堵墙易。以斗争求团结，则团结存，以妥协求团结，则团结亡。既联合，又斗争。

用团结的方法争取人。地不分南北，人不分老幼，团结一致，越是在最危急的时候越需要团结起来。《西游记》来自不同阵营的四个人历经千难万险西天取经终获成功。团结，以大局为重，渡尽劫波兄弟在，相逢一笑泯恩仇，一个好汉三个帮，平等合作。

中华民族在长期实践中培育和形成了独特的思想理念和道德规范，重民本、尚和合、求大同等思想，有自强不息、敬业乐群等传统美德。

一滴水融入小溪或江河才不会蒸发，百川归于大海才不会干涸。个体的人加盟于集体中才能刷出自己的存在感，获得集体其他成员的认同，找到归属感，集体成员间相互的砥砺会使心志坚强的个体越挫越勇，学会砥砺中前行，如四时鲜花竞相绽放，并结出丰盈的累累硕果。

学会以无我的精神服务社会公众。在缘起互助的社会，一切民众都对我有所帮助，我若帮助别人，是自己报恩的本分事，是自己的责任，所以，当建立为公众服务的人生观，为人民服务，以无我的精神，做自利并且利他人的事业，进行自我革命，健全自己的道德人格。

修养自己的心性，为而不恃。自己有能力时不要嘲笑人，人人都有盲点，终身学习的社会，人人都在进步、发展，今天嘲笑他人，明天被嘲笑的对象就是自己。太骄傲遭人嫌弃，太挑剔遭人责备、被唾弃，太精明遭人厌弃。以德报怨，好好修为自己的心性和言行，学着帮助人、原谅他人。

五十七章

一、原文

以正之国，以奇用兵，以无事取天下。吾何以知其然哉？夫天下多忌讳，而民弥贫；民多利器，国家滋昏；人多智巧，奇物滋起；法物滋彰，盗贼多有。故圣人云：我无为而民自化，我好静而民自正，我无事而民自富，我无欲而民自朴。

二、注解

正：清净之道。

奇：奇巧，诡秘，临机应变。

取天下：治理天下。

弥：更加。

利器：锐利武器。一说喻权谋。

智巧：技巧，机诈。巧，巧诈。

奇物：邪事。

法物滋彰：珍好之物滋生显扬。法物，好物，珍好之物。彰，显著，显扬。

无为：是一种处事的态度和方法，"好静""无事"和"无欲"都是无为的内涵。❶

自化：自我化育。

无欲：并不是要消解本能性的自然欲望，乃是要消解心智作用的巧诈欲望。❷

三、译文

以清净之道治国，以诡奇的方法用兵，以不搅扰人民来治理天下。我怎么知

---

❶ 陈鼓应.老子今注今译[M].北京：商务印书馆，2003：53.

❷ 陈鼓应.老子今注今译[M].北京：商务印书馆，2003：57.

道是这样的？天下的禁忌越多，人民越陷于贫困；人间的锐利器越多，国家越陷于混乱；人们的技巧越多，邪恶的事情就连连发生；珍好之物滋生显扬、法令越森严，盗贼反而不断地增加。所以有道的人说：我无为，人民就自我化育；我好静，人民就自然上轨道；我不搅扰，人民就自然富足；我没有贪欲，人民就自然朴实。

四、纵横谈

本章淳风篇开篇第一句"以正之国"。

篇中"民"与"天下""国家"、政府、圣人相对而言。

本章，"圣人云：我无为而民自化，我好静而民自正，我无事而民自富，我无欲而民自朴"与三十七章为政篇"道常无为也……天地将自正"对应。老子的治国思想颇具现代意义，现代管理科学要求的层次管理与之相通，执政者明确分工，并非事事亲为，让大家各某其所。国治是对众人之治能量、成果的汇聚，即君无为而臣有为的治国谋略，则可以无事取天下、治理天下。

调适的政令与百姓言"我自然"之间具有因果关系，所以体察民情、了解民意，制定符合实际情况的政策很关键。

十七章"淳风"，五十七章"淳风"，此二章，河上公 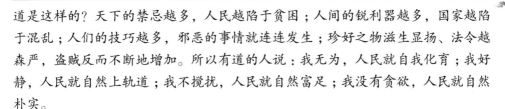 用了同一个题目。从这两章的末句来看，都是引导社会走向淳朴的风尚，如十七章篇末："功成事遂，百姓皆谓：'我自然'"；本章篇末，"故圣人云：我无为而民自化，我好静而民自正，我无事而民自富，我无欲而民自朴"。

"法物滋彰，盗贼多有。"制度管不住人的一颗心，规定越多，越会引导老百姓想尽各种办法逃避法律、规定的制裁或惩罚，再严密的法律也管不住浮动的人心，法律制度的建设很重要，但是社会治理过程中，教化个体修养"内圣"功夫、加强德育的建设也非常重要，所以，"以德治国"与"以法治国"，此二者缺一不可。

本章第二句"以奇用兵"。

三十章俭武篇，"以道佐人主者，不以兵强于天下，其事好还"；三十一章偃武篇，"夫兵者，不祥之器，物或恶之，故有道者不处"；四十六章俭欲篇，"天下无道，戎马生于郊"；六十九章玄用篇，"用兵有言：'吾不敢为主而为客，不敢进寸而退尺'"；本章"以正之国，以奇用兵"，都在谈"用兵"。

本章用兵，从宏观上思考战争，战争是政治的继续，是有组织的残杀，是国与国之争，战争即是欺诈，战争的胜败在于人。国危思良将，要想为天下承平，

---

❶ 注释：本处"河上公"指"伪汉河上公《老子道德经章句》，简称'河上公注本'或'河上本'"的作者。

需要冲锋陷阵，依靠将士的胆魄、智慧，并且胸怀建立功业之理想。精明的政治家与有魄力、具备才干的军事家的合作，指导出具备风采和气概的将士，彰显着军人的担当和责任。平日训练有素，指挥兵士做好汉，不做孬种，借助演习提升顽强的战斗力，实际作战能力将得以巩固，战争最后胜利的取得依靠的是人。

上兵伐谋，苟能制侵凌，岂在多杀伤。用兵上策不战而屈人之兵，所以上兵伐谋。

"以奇用兵"，出其不意攻其不备。孙膑，战国时期齐国人，师从老师鬼谷子出道后，于魏国受到同门师兄弟庞涓的迫害而受酷刑，情急之下打开老师交与的锦囊得"装疯"妙计，明白了老师的心思，逃出魏国，辗转回到母国齐国，正值齐威王当政，孙膑指导田忌通过调整赛马的顺序，即"位置交换"与齐威王赛马而胜的"田忌赛马"的故事至今流传于民间，以己之长攻人之短，孙膑也由此得到了齐威王的赏识。孙膑于公元前354年指挥了"桂陵之战"，避实击虚，围魏救赵，攻其所必救，终致以庞涓为首的魏国攻击赵国的军队功败垂成、无功而返。

战争，是一个竞争的动态过程，如果保持先发优势不削弱，比较优势不失去，不赢都不行。

全民卫邦，全民皆兵。在当今和平建设年代、战争预备期，人人应当自发地主动地积极锻炼，学会自卫、自我保护，保障拥有一个健康的好身体，为保家卫国奠定身体基础。

"我"无为、好静、无事、无欲，则民自化、自正、自富、自朴。

五十八章

一、原文

其政闷闷，其民淳淳；其政察察，其民缺缺。祸兮，福之所倚；福兮，祸之所伏。孰知其极？其无正也。正复为奇，善复为妖。人之迷也，其日固久矣。是以圣人方而不割，廉而不刿（guì）；直而不肆，光而不耀。

二、注解

闷闷：昏昏昧昧，含有宽厚的意思。

淳淳：淳厚的意思。

察察：严苛。

缺缺：狡黠。

其无正也：祸福没有定准，指祸福变换无端。

正复为奇，善复为妖：正转变为邪，善转变为恶。复为，转化成。

人之迷也，其日固久矣：人们的迷惑，已经有长久的时日了。

廉而不刿：锐利而不伤害人。廉，利。刿，伤。

直而不肆：直率而不放肆。

光而不耀：光亮而不耀目。

三、译文

政治宽厚，人民就淳朴；政治严苛，人民就狡黠。灾祸啊，幸福依傍在它里面；幸福啊，灾祸藏伏在它之中。谁知道它们究竟是什么样？它们并没有一个定准。正忽而转变为邪，善忽而转变为恶。人们迷惑啊，已经有长久的时日了。因而有道的人方正而不割人，锐利而不伤人，直率而不放肆，光亮而不刺目。

四、纵横谈

迷，迷惑。本章顺化篇，"正复为奇，善复为妖。人之迷也，其日固久矣"；二十七章巧用篇，"故善人，不善人之师；不善人，善人之资。不贵其师，不爱其资，虽智大迷，是谓要妙"。

正邪、善恶是人一念之见，人们为之迷惑由来已久。所以，活在当下，心在此地而不是他处，这需要按住当下心之念头，才能活得自在、闲适，才能在散淡、洒脱中用心追求诗意的远方。

祸福相依，祸福相互转化。有道的人为政，居高位，知荣华富贵并非长久，秉持服务民众之心，使民众无逼迫感；有道的人日常修为，为人性情直率但是言行不放肆，低调做人，高调行事，与人相处行为光亮但是又不刺伤他人之眼目。

"祸兮，福之所倚；福兮，祸之所伏。"应当知道，富贵荣华，转眼即逝，不堪留恋，所以应泰然处之，宠辱不惊，不为物累，则安详自适。从心田上下种、辛勤耕耘，向内求，从止恶行善做起，而非向外驰求。心不随外境界而迁，心能转境，反求诸己，则恶业日消，善缘日增，常蒙护持，转祸为福，获致吉祥；进而经常性地从事志愿工作、多做奉献，对他人、对社会广做布施以培福，广种善因，那么，自然会福泽绵长。

祸福无形随心作，苦乐无定自家当。实践忠厚之门风，奉行良好之德性，会让您遇见良师，遇到难事才会逢贵人相助。

因果循环规律是与人的命运信息同步运行的。金钱名利不能吞噬人性的光辉，因为心中付出的善念而富有。心好命又好，富贵能到老吗？需要继续播撒爱的种子，种下好的、善的因，深信有好因方能有良果，崇尚道与德，对待工作，廉洁奉公，摒弃拒绝骄奢淫逸的腐败生活；乐善好施，常救济贫困和危弱之人，广种善因。律己要严格，居安思危，治家有方，教子成才，并且让子孙后代秉承家教，则不仅能富贵到老，而且会儿孙昌达，人才辈出，家族兴盛，"积善之家，必有余庆"，因果规律客观存在着，屡证不假，真实不虚也。

本章论及祸福相依。乐极生悲，乐为苦薮；得势凌人，则失势被辱，道理相通也。生活、人生即如此，苦乐参半，未经苦中苦，哪来甜上甜。

五十九章

一、原文

治人事天莫若啬（sè）。夫唯啬，是谓早服。早服谓之重积德；重（chóng）积德，则无不克；无不克，则莫知其极；莫知其极，可以有国。有国之母，可以长久。是谓深根固柢（dǐ），长生久视之道。

二、注解

事天：保养天赋。

啬：爱惜，保养。

早服：早备，准备。

重积德：不断的积蓄"德"。重，多，厚，含有不断增加的意思。

有国之母：有国，含有保国的意思。母，譬喻保国的根本之道。

深根固柢：使根基深固，不易动摇。比喻基础稳固，不容易动摇。柢，树根。

长生久视：长久维持，存在。久视，久立。

三、译文

治理国家、养护身心，没有比爱惜精力更重要。爱惜精力乃是早做准备。早做准备就是不断的积德；不断的积德就没有什么不能胜任的；没有什么不能胜任的就无法估计他的力量；无法估计他的力量，就可以担负保护国家的责任。拥有并掌握治理国家的道法，就可以长久维持。这就是深固根基、长久存在的道理。

四、纵横谈

根深方能枝繁叶茂，常培土、科学地浇灌其根。付出辛苦的劳作才可以期盼累累硕果，养生治身、治国亦如此，厚藏"根基"，保存空灵明澈的本心、蓄养上苍赋予的本性。不仅在财物上，乃至精神境界的锻造上更要注重能量的培蓄，以保持充盈的生命活力。

本章谈修德与五十一章养德篇相呼应，进道以德。

"治人事天莫若啬。"啬，俭省、不浪费，减少精气神无为的消耗，节省精神、保持生命的资本，极早地、有意识地维持好自己生命的功能状态，以延续健康的、长寿的岁月时光，崇尚大道至简，节俭内敛、敬终如始为来日早做准备。

治人，做人处世；事天，修道。"天"，哲学上抽象观念的天，代表了道体，是本体的作用。❶"治人事天莫若啬"，备战自守，做自我防卫，首先保证自身安全，不是我们去攻击、侵略哪一个国家，而是让对方不敢攻打我们。所以，主动准备战争，震慑对方，这样才能止战。治国者运用"内圣外王"之道进行统筹兼顾，这是促使社会沿着科学发展的道路向前高歌行进时的方法之一。

珞珞如石。三十九章法本篇"故贵以贱为本，高以下为基。是以侯王自谓孤寡不谷，此非以贱为本邪？非乎？故致数誉无誉。不欲琭琭如玉，珞珞如石"。无苦、无忍不成道。

尊道贵民。二十一章虚心篇"孔德之容，唯道是从。道之为物……自今及古，其名不去，以阅众甫。吾何以知众甫之然哉？以此"。

做深根固柢的思想工作，让思想引领行动。打牢思想根基，以防道德缺失，出现违背"木桶原理"的道德"短板"现象，德虽不可视，但缺德则会因为道德"短板"令事不功，做任何事都做不成、难有成就，这种状态将直接导致失德者为人处事中时时处处遭逢障碍，顺境一时难以出现。

有国之母，有德之子，重积德。时时刻刻把民众置于心间，必有好的境界，心中所求也会如意。可见，早做准备早入手不间断地积德、做好事，培养好德性，因为善恶行为与福祸结果形影不离，善有善报恶有恶果，善恶之果直接相互关联。

"重积德，则无不克。"重积德，德用累积，道慧自开，道慧生成。不只是在生活、工作中端正人品、正行品质，而且具备大德精神，爱护和谐宇宙和平世界、爱护国民安泰之境、爱护民众万物，培养高尚、博大的胸襟。

德用之小在日常生活中，德用之大则可推广至普天下。所以，德虽看不见，但无一时、无一处欲做成事而不用德，可见德威力之强大。"重积德，则无不克"，治身，则身体健康，病痛虚耗减少；治国则风调雨顺，五谷丰登，国泰民安，道德稳固，政局稳定。可见，道德的力量难以估量，不可小觑，更不可以被忽视。

德是正能量，具有无形的、强大的力量，能够让周围人产生心理感应。我们的先祖很早以前就意识到修文德以服远来之人，用德令其感服，用文去教化他方，求同存异，统一思想，而后齐心协力搞建设，这是中华民族的精神、禀赋和特点。德用于治国则民众安宁、国度风调雨顺。道德与精神并存，形影不离，与

---

❶ 南怀瑾.老子他说：初续合集[M].北京：东方出版社，2014：608.

修心者的身心相契合，乐德者，德乐之，乐道者，道乐之。认识道，培养德，德是道用的基础，德缺失道亦失之。德是无形的尺度，当讲究德法，德者，得也，德是良好行为的成果，与形而上的"道"对称，德是做人之本。

有德是明理的基础，有德方可知道。德与情，德退则真情亦隐去，德性的基础之一是慈母的心性，对儿女发自心内的无私、无邪，具备真情真意的爱。

德是助道的工具，其性朴实。因为德性中有德慧，所以，能够帮助行道者了解万物的根源。清静心养护着德，在清静心中安守朴拙，日日积累良好德性，小德积大德，致成无量功德，以潺潺涓涓溪流汇成江河之势增添了道性的力量。提倡良好德性，渐至无上境界。尊德、施德、积德，积聚正能量。德是修心的技术，无处不在，无时不有，时时处处都在修炼，七十章知难篇有言"吾言甚易知，甚易行，而天下莫之能知，莫之能行""夫唯无知，是以不我知。知我者希，则我贵矣"。真乃"德道不易"，无德哪里会有得，更奢谈得"道"矣！失德者亡，德聚者昌。

顺道者依靠德来调理事态。玄德之境与境中诸物感应，天清气明，人与物皆流光溢彩，玄德呈现微妙之境界，德在无声中传播，促使事态转向良好的情势：施德之处，其周边环境中的人或物也得以感化，在慈悲善良的德行前，人前行中的障碍、相悖的观念可以被巧妙地解除、转化。为何顺畅地化解了难境？因为德是心境中唤起新生命、唤醒新意识的潜力，大德之气所产生能量的辐射性极其微妙，传说中黄帝劳勤心力耳目，但是他节用水火材物，因此呈现土德之瑞。

逢事用德心对待。德涉及生活的方方面面，百仞之高，始于足下，在日常生活中一步步践行积德的观念，德的力量将汇成道性，破俗入空，修心之人将涉足高层级的道德境界中，点亮自己，照亮别人，创造传递一束束新的光明。

养德以美化环境。因为众人成就的大德之气的力量可以产生共振，足可以用美好德行教化良好的社会风尚。长治久安不能光靠严苛的法律制度，因为黑暗与光明并存，腐朽与进步同在，所以要把脉航向，提倡共同养德，助力社会一起前行。

六十章

一、原文

治大国若烹小鲜。以道莅天下，其鬼不神；非其鬼不神，其神不伤人；非其神不伤人，圣人亦不伤人。夫两不相伤，故德交归焉。

二、注解

小鲜：小鱼。

莅：临。

其鬼不神：鬼不起作用。

两不相伤：鬼神和圣人不侵越人。

德交归焉：其德上下交盛而俱归于民。交，俱，共。交归，会归。

三、译文

治理大国好像煎小鱼。用道治理天下，鬼怪起不了作用；非但鬼怪起不了作用，神祇也不侵越人；不但神祇不侵越人，圣人也不侵越人。鬼神和有道者不侵越人，所以德归会于民。

四、纵横谈

二十三章虚无篇"希言自然"，本章居位篇谈治国，"治大国若烹小鲜"。为政之要在于减少"瞎"折腾，百姓可安其事，从其业，遂其生，顺其意，定其心，则天下太平。

"以道莅天下，其鬼不神，非其鬼不神，其神不伤人。"用道用德，可感化神和鬼，天地无鬼，鬼从心出；有道者施用德，引导神和鬼，不是神不会伤人，是因为德的力量将他引入道中，也就不会去伤人了，这是道与德的奥妙在人事中的应用。❶ 祸患无门，惟人自召。所以，做事循道惜福，则苦尽甘来。

老子尚道，他认为决定国家、社会、个人祸福的是道，不是天帝和鬼神：非其神不伤人，圣人亦不伤人，夫两不相伤，故德交归焉，德上下交存，而后归会于民，两不相伤，扰攘熙熙中道与神、与圣人、与天下诸物融洽相存。

圣人、民众百姓依道而为即是在传承道法。处事时圣人注意用道以化解仇恨，解围怨结，鬼神得到安稳，互不相伤，国家太平则人民安定。

六十一章

一、原文

大国者下流，天下之牝（pìn）也。天下之交，牝常以静胜牡。以其静，故为下也。故大国以下小国，则取小国；小国以下大国，则取于大国。故或下以取，

❶ 元君.生命的智慧 [M].北京：中央编译出版社，2014：72.

或下而取。大国不过欲兼畜人，小国不过欲入事人。夫两者各得其所欲，大者宜为下。

二、注解

牝：雌性的鸟或兽，与"牡"相对。

则取于大国：此句，"杨树达则谓古'施受同辞'，'取小国'之'取'乃主事之词；'取大国'之'取'乃受事之词。故'取大国'亦可指取于大国。"❶

兼畜人：把人聚在一起加以养护。兼，聚起来。畜，饲养。

三、译文

大国要像江河居于下流，处在天下慈柔的位置。（慈柔、下流的位置）是天下交汇的地方，慈柔常以静定而胜过雄强，因为其静定所以能够处下。所以，大国对小国谦下，可以会聚小国；小国对大国谦下，可以见容于大国。所以有时候（大国）谦下以会聚（小国），有时候（小国）谦下而见容（于大国）。大国不过要聚养小国，小国不过要求容于大国。这样大国小国都可以达到愿望。大国尤其应该谦下。

四、纵横谈

本章谦德篇谈国与国之邦交往来。邦国如何往来，小国大国间的帮交，小国与大国的并存之道。

联系老子写作《道德经》所处的时代背景，大国、小国纷争连绵，兵戈相见。人类世界的未来，是大动干戈，还是减少纷争、趋向无争、谦虚并容呢？

"和"是万物衍生的本性。重视和平共同谋划新发展的和生哲学是人类文明的指路明灯，和生文明时代脱胎于大改革的过渡阶段，和生文明时代的巨浪正在向前涌动，其力不可阻挡，建设和谐社会，形成国与国新型"伙伴"关系，将"冷战"思维抛进历史的垃圾堆，打造和谐世界，让贵和重生成为和生文明的时代特色。人类应和谐共生，反对欺凌霸权，对人类本性的摧残、对自然环境的毁灭更是人类所唾弃的。❷

这个思想体系在两千年的传播中不断成熟发展，形成了人类对和生文明时代的共同追求，这个追求与马克思主义提出人类大同的共产主义是相通的。

国与国邦交推行和平共处的国际关系准则。国与国在对外交往政策上，与邻为善、为伴，于世共存，共同发展。国与国邦交，无论大国与小国、国土接壤与

❶ 转引自：杨丙安.老子古本合校[M].北京：中华书局，2014：270.
❷ 参考：罗尚贤.和生哲学与和生文明时代[M].广州：广东经济出版社，2014.

否，只要道相通，通过正常邦交则人心相融，世间太平，人民欢乐，果实丰饶，衣食丰足则百姓心自安。

和谐相处，平等相待。互相尊重、扶持，与邻国融洽相处，这是人类携手并肩共同向前发展的美好愿景，大国逐渐具备扶植友爱弱小国家的怜爱之情、悲悯之心，进行无私援助，"大者宜为下"，"少取多予，厚往薄来"❶。善待小国，无私援助，具和谐共处的大国情怀。

强者、大者宜采取居下的姿态，守静戒躁。大国强盛、谦虚、无争则令小国信服。祈愿和平，我们有幸生活在一个和平稳定的国家。所以，人类对和平的呼唤是永远的主题。

本章守持道德上的谦下而不傲慢，因为傲慢只能逞一时之勇。需要大国的人主具备仁慈之心，常有怜悯之情，还要保持谦虚的胸怀，包容、爱护他国，并且化"谦下"的意识融于骨子里，化为真性情。

中国人早就懂得了"和而不同"的道理。生活在 2500 年前的中国史学家左丘明在《左传》中记录了齐国上大夫晏子关于"和"的一段话："和如羹焉，水、火、醯、醢、盐、梅，以烹鱼肉"，"声亦如味，一气，二体，三类，四物，五声，六律，七音，八风，九歌，以相成也"。"若以水济水，谁能食之？若琴瑟之专壹，谁能听之？"国家无论大小。求同存异，并肩发展，大国与小国之间多多地相互学习。

六十二章

一、原文

道者，万物之奥，善人之宝，不善人之所保。美言可以市，尊行可以加于人。人之不善，何弃之有？故立天子，置三公，虽有拱璧以先驷马，不如坐进此道。古之所以贵此道者何？不曰求以得，有罪以免邪？故为天下贵。

二、注解

奥：藏，含庇荫之意。

不善人之所保：不善的人也要保持的。

美言：嘉美的言辞。

市：指交易的行为。

尊行：可贵的行为。

---

❶ 小舟. 再生的老子 [M]. 广州：广东高等教育出版社，2009：111.

加于人：对人施以影响。加，施。

三公：太师，太傅，太保。

拱璧以先驷马："拱璧"在先，"驷马"在后，古时候献奉的礼仪。

坐进此道：敬献道，用道来进献。

求以得：有求就得到。

有罪以免邪：有罪的人得到道可以免除罪，所以不善人也要对它加以保持。这是对前文中"不善人之所保"的说明。

三、译文

道是万物的庇荫，善人珍贵它，不善的人也处处保住它。嘉美的言辞可以用作社交，可贵的行为可以见重于人。不善的人，怎能把道舍弃呢？所以立位天子，设置三公，虽有进奉拱璧在先、驷马在后的礼仪，还不如用道来作为献礼。古时候重视道的原因是什么呢？岂不是说有求的就可以得到，有罪的就可以免除吗？所以被天下人所贵重。

四、纵横谈

本章为道篇，追望大道，开辟一条拯救国家的大道。历代王朝政治成就的取得有意无意地内用黄老，外显儒术，均尊尧舜之道、周孔之教，并依"老学"作为礼教的完善与补充，事实上都没能离开老子，仰赖老子道学智慧成就其斗争艺术，成就了儒学熏陶下的事业，建立了丰功伟绩。

沧桑是人间正道，正道具备与俗性相反的特性。在四章无源篇、七章韬光篇、八章易性篇、九章运夷篇、十五章显德篇中皆有所体现。贵道，凡事着急不可得，当遵循自然之道，所以力戒揠苗助长。为道，守道，售道，践行道，以谦为怀。

贵道之因。"不曰求以得，有罪以免邪？"有求就得到，有罪的人得到道可以免除罪。若以有所求之心求清静无为之果，这是与道相背离的，也就是说日日弃道。有罪难免，然而，日日学道，改过迁善，则有福有寿得尊贵。

六十一章谦德篇"大国不过欲兼畜人，小国不过欲入事人。夫两者各得其所欲，大者宜为下"。本章为道篇"古之所以贵此道者何？不曰求以得，有罪以免邪？故为天下贵"。守持道是为道之道，进而献道于侯王，践行道、依道治国，从而普济百姓，可见道之贵重。

《道德经》阴阳太极观点教人善待人，善待天地万物，以挽世道，正人心。拯救人之善根，消弥人间战争、病苦之浩劫，使人们开心快乐、平静安祥地生活。守持正道，提升世人内在的自性光明，以开阔道德境界，成就美与善。

人善与不善之辩。人作善事情，天降祥和气，为人言行一致则既可贵又可亲。重行轻言，判断人重在观察其行动，其次倾听其言辞。

临时抱佛脚，遭逢急患时，不善人应知忏悔、卑下，遵道而行，方能增多解决急难险患的机会。若期待"应"与"求"相应合，则要"求"之合理、合适宜，不仅需"求"之声切，并且要至真至诚，方得以"有求可应"。

修德修善，善恶忠奸自心印痕，苍天有视，自古至今因果公平未放过任何人。

作善业之人，人天敬仰。起坐有迎，种善因得善报，成就积善之家、富贵之府的果报。目前，已进入小康时代，充足的物质财富使国人能够丰衣足食，人的思想也应与之相应以挽救世道，则世人可以获得物质文明和精神文明的双丰收，所以，眼下当修心养性，行善积福。欲美好，从善始，识得并坚持真道理，争取做真人，积极修为，做积德行善之人。

本章引申了第十三章厌耻篇的"贵以身为天下"之义。"不如坐进此道"，坐，宁静下来，向"道"看齐，检视自己的修为，道是一个人内在的、本来拥有的东西，是在自己心中一无所求的状态下映现的，不是向外面求得的，道不能向外求，而是向自己心中修。所以，不如每天静心修养道德，反求诸己，忏悔、反省，则每日可以向道靠近，获得进步，日日完善自己的人格，"善人之宝"获取之日即得"道"之时。

道无间不入，在四十二章道化篇、四十三章徧用篇、五十一章养德篇中都有所体现。"不善人之所保"，不善人可学的法宝，不善人也是善人取经的法宝。依据"道"教育此类型的人，即使不善之人也能得到救助，能够向好的方向转化。"人之不善，何弃之有"，不抛弃任何一位，不善之人也不可以抛弃。"故为天下贵"，贵，是指道至高无上，非常伟大、高贵。

开辟道境。境就范围而言，重在广度；界就层次而言，重在厚度、深度。以境界涵盖技术，最高境界，即第三重境界，见山只是山，见水只是水。作为中华儿女，"道"文化流淌在我们的血液中。人需要宽容、豁达方得以进入道境，达到清和明的状态。人入道德境，方知道在身边。恰如瘦身减肥，气路畅通，真气增多，食欲减少，自然体重减轻。

心境和效力。以学积累道性，以道指正心性获得觉悟心，神依形生，精依气盈。处下、无为则展示了道的可融性，吃得下苦，能受艰辛者，则境界渐深，心胸开阔，能够践行道的宽容、处下、无为无不为的特性，可达"被褐怀玉"，修行至"玉身"的难得境界。首先，做到身洁，去除自身毛病、不好的习惯，净化一己的思想；其次，做到"心"洁，从而积攒"玉身"的资粮。提升自己的境界，保持自己心地清静，提升到一心不乱，获得玉身的能量，则逢凶化吉，转危为安，逆境变顺。

自然是人类和生灵万物的共同家园。宇，乃四方上下，即空间；宙，古往今来，即时间，重归自然，再回洪荒，共同敬畏大自然，有所为，有所不为。人因矜持而高贵，山因枯荣而自然，人与自然，一荣俱荣，一损俱损。

天天兴法，悠闲、安祥、活泼、快乐；日日行道，获得真、善、美、慧。

六十三章

一、原文

为无为，事无事，味无味。大小多少，报怨以德。图难于其易，为大于其细。天下难事必作于易，天下大事必作于细。是以圣人终不为大，故能成其大。夫轻诺必寡信，多易必多难，是以圣人犹难之，故终无难矣。

二、注解

味无味：把无味当作味。

大小多少：大生于小，多起于少。

不为大：不自以为大。

三、译文

以无为的态度去作为，以不搅扰的方式去做事，将恬淡无味当作味。大生于小，多起于少，用德来报答怨恨。处理困难要从容易的入手，实现远大要从细微的入手。天下的难事，必定从容易的做起，天下的大事，必定从细微的做起。所以有道的人始终不自以为大，因此能成就大的事情。轻易允诺的一定会失信，把事情看得太容易一定会遭遇更多的困难，所以圣人总把事情看得艰难，因此始终没有困难。

四、纵横谈

本章恩始篇"大小多少，报怨以德"。三国时期，诸葛亮七擒孟获七次释放，孟获被感化，心悦诚服，后为诸葛孔明所用。

本章"报怨以德"下应七十九章任契篇"和大怨，必有余怨"。以德报怨，不以怨恨心对待恶人，解开冤结，化解冤怨而不是打结。适逢与曾有过怨怼的人经营事情，不但不破坏，还要帮忙，提供帮助，因为自己明白事理，故而心平气和，以平静的心来对待，而不是怨天尤人。博爱则大爱无疆，以德报怨，德莫高于爱，老子伦理精神的真爱，无私无欲更无己，广博高阔似天地。

释"难"，难行能行，难能可贵。在逆境中、与困难做斗争的过程中发现自己，避开了在逃离困境时、顺境中堕落为凡夫之险。

首先说难。对初始时遇到的困难不要畏惧害怕，对于不合意的事不要感到忧心忡忡，即毋惮初难，毋忧拂意。其次，做事情时，有时之所以失败是因为将事情想的太复杂、太困难，在未做此事前已经胆怯，失去信心，缺乏自信，严重的信心不足，所以想做成事情，就要有必胜的信念。美国著名心理学家拉泽洛斯有一个理论，挫折的大小不是关键，关键是人们如何看待挫折，如何看待困难。因此，面对困境，战略上藐视，增强自我的信心；战术上重视，不主观妄动，结合周边环境状况、实际情形，从"小、微、细"处、容易的地方着手，多处寻找解决的途径，选取相对的捷径之路，则无不胜矣。因为认清了难易的真面目，则可以辩证地看待难易的问题。人生步入正轨，不光是为科第读书，更要学着亲近细务，从易事、细事、小事、身边事做起，可以将难题一一攻克。这才是求学、做事应有的态度。

"图难于其易，为大于其细。天下难事必作于易，天下大事必作于细"，"不为大"，"终无难"。所以，不疏远学习，向学、善于学习永不过时。

"事无事"。以不搅扰的方式做事，所以，看似所做"无用"之事，将会成为一个人生命历程中的"摆渡舟"，带您驶往敢想的远方，通向理想的彼岸，最终成就所为之事。"不为大，故能成其大。"圣人修道，脚踏实地，默默与天地阴阳相合，不彰显而成就大业，无论道行，还是行持，都需要磨砺。❶

本章恩始篇与七十章知难篇相呼应。

"易"难之辩。这里的"易"是指变易，生命是一场急匆匆的旅程，一趟匆忙的往来，没有人会永远陪在我们身边，要学会享受孤独。所以，不但要习惯孤独，而且要学会享受孤独，依靠自己，做好眼前每一件小事，从难题的"易"点开始，化难为易；"知"难，化整为零各个击破，所以，做事要巧，学会用巧劲，巧力破千斤。脚步永远迈向前方，最终将难题破解，走向人生新的高度。

命运不是追求来的，是在与困难的较量中感召来的。困难被攻克，自身变得强大，命运发生转机，时运翻转，所以，好的命运是被吸引来的，花开蝴蝶翩跹自然来，心地保持一路善良，一路不间断地修为，幸福距离自己会越来越近。

做勇于与艰难困苦较量、热爱劳动的人。把握时代方向、大发展的趋势，事业上碰到困难时，重拾信心；思想上有冲突、出现偏激时不苛责；学会保持头脑冷静的精神状态，在吃苦磨炼中增长才干。

---

❶ 参考：熊华堂．生活中的道：和你一起读《老子》[M]．北京：中国物资出版社，2012．

六十四章

一、原文

其安易持，其未兆易谋，其脆易判，其微易散。为之于未有，治之于未乱。合抱之木，生于毫末；九成之台，起于累土；百仞之高❶，始于足下。为者败之，执者失之。是以圣人无为，故无败；无执，故无失。民之从事，常于几成而败之。慎终如始，则无败事。是以圣人欲不欲，不贵难得之货；学不学，复众人之所过，以辅万物之自然，而不敢为。

二、注解

其脆易判：脆弱的容易破裂。"判"通"泮"，分、破之意。

毫末：细小的萌芽。

累土：一筐土。累，土笼。

仞：古时八尺或七尺叫一仞。

为之于未有：事情没有发生以前已早做准备。为，做，做准备。

为者：强做妄为。为，妄为。

执者：执意把持。执，执意。

三、译文

局面安稳时容易持守，事变没有迹象时容易图谋，事物脆弱时容易破开，事物微细时容易散失。要在事情没有发生以前就早做准备，要在惑乱没有产生以前就处理妥当。合抱的大木，是从细小的萌芽生长起来的；九层的高台，是从一筐筐泥土建筑起来的；七八百尺、百仞的高台，是从脚下举步走上去的。强做妄为就会败事，执意把持就会失去。所以圣人不妄为因此不会败事，不把持就不会丧失。人们做事情，常常在快要成功的时候就失败了。事情快要完成的时候也能像开始的时候一样的谨慎，那就不会败事了。所以圣人求人所不欲求的，不珍贵难得的物品；学人所不学的，补救众人的过错，以辅助万物的自然变化而不加以干预。

---

❶ 百仞之高：依照帛书，或为近古，杨丙安新校本用此句；（汉）严遵《道德真经指归》，简称"严本"，严本亦作"百仞之高"；通行诸本"百仞"则作"千里"，且将"百仞之高"改为"千里之行"，统上所述，二者皆可通。参考：杨丙安.老子古本合校[M].北京：中华书局，2014：282.

四、纵横谈

本章守微篇上半部分谈防患于未然，在日常行事中注意防微杜渐。

小善小恶之见。如何对待小善小恶？勿以善小而不为，"合抱之木，生于毫末；九成之台，起于累土；百仞之高，始于足下。"小善要做不放过，勿以恶小而为之，《法句经》中说："莫轻小善，以为无福，水滴虽微，渐盈大器，小善不积，无以成圣。莫轻小恶，以为无罪，小恶所积，足以灭身。"

大善也是由小善积累而来的。不要以为捡起一次垃圾、节约一滴水、充分利用一张纸是一次微小的善举，觉得无所谓。一个人将来会有偌大的福报，都是在日常生活中从一点一滴开始积累得来的。善于积累方可致以广博，《说苑》有言：泰山不辞壤石，江海不逆细流，所以成大也。

积微善，将促成大德的圆满。行善从表象上看似乎是在为别人做什么、为他人无偿服务，但实质上行善之人因为行善而得到的快乐已经转化成一种无形的力量，不但濡养着行善者的身心，而且融洽了周边物理空间环境和心理环境，为良好社会风气的营造增添着力量。所以，人世间所有获得幸福之人福气的来源，都离不开平日里个体或个体所在集体为之积攒的善良和努力。想化境、改善境地，不妨择其善者而从之，择其不善者而改之，知其善而守之如锦上添花，知其恶而弗为则祸事远离、祸转为福，积功累仁百年必报，大出小入数世其昌，何乐而不为呢？力所能及地帮助一些无告无助的悲惨家庭，只不过随做随忘，随了随断而已。

六十三章恩始篇和本章守微篇下半部分都在谈"为"。第一种情况，"为之于未有"，为，即是"做"，做准备。第二种情况，"为者败之"，为，即妄为。第三种情况，行百里者半九十，"慎终如始"，才会事半功倍、无败事。

"为之于未有，治之于未乱"，从隐微入手，防患于未然，胜过亡羊补牢。事情未发生之前，已经开始做预防的工作，打好基础，准备应战，做到有备无患；天下未乱时，治理已开始，乱的根源早已被铲除。

人是遭天谴，还是获天佑，来自昨日、今日、来日所为之善。俗语讲，善不积不足以成名，恶不积不足以灭身，积少成多，积小成大，所以当时刻警醒防微杜渐，牢记"千里之堤，毁于蚁穴"。物有本末、事有始终，知其先后。欲做到有始有终需有志，立志不在求高，贵在求坚，成功不易，贵在坚持。没有成功，是因为时间尚早，坚持就是胜利，最终将抵达成功的彼岸。

本章谈累道——积累对道的知见。从预见、预测的角度言，能够从细微处进行洞察以知"机"，此乃上妙也。清楚定位事理，明确权责，即可令纷争终止，关键在于找到问题的源头，知道病源。

圣人"不"敢为，高瞻远瞩以统揽全局，突出重点。做事、有为，从小处着手、突破，由量变向质变转换。

戒"我"字当头，力求德与位配，增强自身贤能。不妄为，辅万物之自然，并且始终如一。就家庭中儿女成长言因人而异、就学校教育言因材施教，就企业发展言因地制宜，就社会治理而言政策、法令的制定因势象形，儿女、学生、员工、公民的成长、发展过程中，都需要磨炼坚韧的品质，任何组织的发展都要经历一个由小到大、由弱变壮地逐渐走向强盛的过程，这期间，父母、教师、领导者的毅力、耐性和信心等是不能缺少的。

本章与六十三章恩始篇"多易必多难"，七十章知难篇"吾言甚易知，甚易行，而天下莫之能知，莫之能行"，都谈到了"难"行之"行"。

欲不欲，学不学。吃人不吃、穿人不穿、住人不住、救人不救、做人不做。"是以圣人欲不欲，不贵难得之货；学不学，复众人之所过，以辅万物之自然，而不敢为。"所以圣人求人所不欲求的，不珍贵难得的物品；学人所不学的，补救众人的过错，以辅助万物的自然变化而不加以干预，不违反自然规律，尤其是在春季万物生发之时，谨遵禁止狩猎之令。不只是在书本上学习，还要总结众人的实践经验，吸取流传民众谚语中的教训。

古人云，一日之计在于晨，一年之计在于春。抓住早上时间，就能抓住当下，过好一个充实的今天。南怀瑾先生曾经说过，能控制早晨的人，方可控制人生。早晨对一个人新的一天、春天对一个人新的一年都很宝贵。一年有二十四个节气，而一天就是一年的缩影，这一天的日子也是有二十四个节气的，从每天三点立春始，十二点夏至，十八点秋分，二十四点冬至，以此类推，今日瞬逝，流年如水，当惜取少年时。立足当下，不空过今天，按照自然节律，让个体所为顺应、辅助万物的自然变化而不是肆意妄为而破坏了自然之道。

大事需要从头去做，一步一个脚印，每日踏下去一个个坚实的脚步，慎终如始。

六十五章

一、原文

古之善为道者，非以明民，将以愚之。民之难治，以其智也。故以智治国，国之贼；不以智治国，国之福。知此两者，亦楷式；常知楷式，是谓玄德。玄德深矣、远矣，与物反矣，乃至大顺。

二、注解

明：精巧。

愚之：非欺也，因"材"施教，因其自然而不妄加引导。愚，淳朴，朴质。

智：智巧伪诈。

两者：指"以智治国，国之贼；不以智治国，国之福"而言。

楷式：治国的法式、法则。

玄德：有深远影响之德。

与物反矣："德"和事物的性质相反；"反"借为"返"，"德"和事物复归于真朴。

大顺：自然。

三、译文

从前善于行道的人，不是教人民精巧，而是使人民淳朴。人民所以难治，乃是因为他们使用太多的智巧心机。所以用智巧去治理国家，是国家的灾祸；不用智巧去治理国家，是国家的幸福。认识这两种差别，就是治国的法则；常守住这个法则，就是"玄德"。"玄德"好深好远啊！和事物复归到真朴，然后才能达到最大的和顺。

四、纵横谈

文中的"愚"乃淳朴、朴质之意。

古之善为道者，非以明民，将以愚之。非"愚民"、非瞒哄、非欺诈百姓，教化百姓以"淳"德，引导民风致淳朴。女子没有造作与病态，身体健康、欢实、美好，富有活力，内心单纯质朴；男人深情、质朴、率真，富有"执子之手，与子偕老"的平和心态。我国第一部诗歌总集《诗经》中这种古老的牵手，时至今日也不为过。古人尚能如此，况今人乎？身处柴米油盐酱醋茶生活中的人当保持温柔、敦厚，找回细腻平和的心态，让美好的诗句化去戾气与不平，重塑我们眼下的生活。

"大智若愚"乃人格修养的佳境，也是至高境界。对比十五章显德篇"古之善为道者，微妙玄通，深不可识"；十九章还淳篇"令有所属：见素抱补，少私寡欲。绝学无忧"；本章淳德篇"玄德深矣、远矣，与物反矣，乃至大顺"。人类寻宗问祖、探根寻源，日益完善着寻根文化，重返人类的原点，找到生命的起点，问询生命的价值。

六十六章

一、原文

江海所以能为百谷王者，以其善下之，故能为百谷王。是以圣人欲上民，必以言下之；欲先民，必以身后之。故居上而民不重，居前而民不害，是以天下乐推而不厌。以其不争，故天下莫能与之争。

二、注解

百谷王：百川所归往。百谷，百川。王，归往。

重：累，不堪。

乐推：乐于推戴。

三、译文

江海所以能成为许多河流所汇往的地方，因为它善于处在低下的地位，所以能为许多河流所归往。所以圣人要为人民的领导，必须心口一致的对百姓谦下；要成为人民的表率，必须把自己的利益放在百姓的后面。所以圣人居于上位而人民不感到负累，居于前面而人民不感到受害，所以天下百姓乐于推戴而不厌弃圣人领导。因为他不跟人争，所以天下没有人能和他争。

四、纵横谈

本章上承第八章易性篇"夫唯无争，故无尤"。圣人有水的德性，善于处下，利益面前甘愿居后，并且像江海那样襟怀大度、心胸宽广，拥有一颗坦荡的心，对百姓常怀包容之意，使百姓气顺、心顺，欲治政有道者何不仿效。

为而不争。不流最初一滴血，就可以可避免冲突；不说最后一句话，就可以结束纷争。本章"是以圣人欲上民，必以言下之；欲先民，必以身后之"、七章韬光篇"是以圣人后其身而身先，外其身而身存。非以其无私邪？故能成其私"、六十八章配天篇"善为士者不武，善战者不怒，善胜敌者不与，善用人者为之下。是谓不争之德"和八十一章显质篇"天之道，利而不害；圣人之道，为而不争"，同谈此话题，无争能静。

先人后己，与自己竞争，追求自强，自胜者强。加强个人修为，心内求法，勿向外求，勿攀外援，修学行持的过程中做到内心清净，起心动念行止坐卧时，注意修正错误的行为和念头。

吃"亏"是福是一个辩证的观点。无论你对谁好，从长远来看，都是对自己好，吃亏不仅可以培养自我豁达的心胸、宽容的气度、理智和自我克制的能力，还能为自己带来良好的人际关系，让自己在追求成功的道路上更顺利。同时，敢于让别人占点便宜、自己吃亏的人，也是以个人能力为基础的自信的展示。所以，会吃亏、肯吃亏的人都是坚信在未来能够成功的人士。因为上天是公平的，在一个地方损失的，一定会在未来的某个时刻从另外一个地方获得补偿，所以说"吃亏是福"，这得从长远的角度来看方能醒悟。毕业于哈佛大学的美国心理学家威廉·詹姆斯说，一个人总得慷慨一点，才配受人感激。

做好事，不是为了扬名，只是让自己更心安。所以，做了好事不用吵着让其他人知道。生命以获取生活的必需品而续存，但是生命更是因为不断地给予而日趋繁盛。

当你发现一花一草一木都在对你微笑，当你发现每件事都充满顺缘，当你发现身边的人越来越喜欢你，这就是善良的回音。善良从勤苦中来，有多大的付出，就有多大的回报。能够吃亏的人是有福的人，智慧源于善良和美德。

六十七章

一、原文

天下皆谓我大，不肖。夫唯不肖，故能大；若肖，久矣其细也夫！我有三宝，持而宝之：一曰慈，二曰俭，三曰不敢为天下先。夫慈，故能勇；俭，故能广；不敢为天下先，故能为成器长。今舍慈且勇，舍俭且广，舍后且先，则必死矣。夫慈，以战则胜，以守则固。天将救之，以慈卫之。

二、注解

不肖：不像任何具体的东西。

俭：有而不尽用。

慈，故能勇：慈爱所以能勇迈。圣人抱有慈心，然后士兵能有防御之勇。[1]

俭，故能广：俭啬所以能厚广。广，宽广，厚广。

器长：万物的首长。器，物，指万物。

且：取。

---

❶ 转引自：陈鼓应.老子今注今译[M].北京：商务印书馆，2003：311.

三、译文

天下人都说我"道"广大，却不像任何具体的东西。正因为不像任何具体的东西，所以它广大。如果它像的话，早就渺小了！我有三种宝贝，持守而保全着。第一种叫慈爱，第二种叫俭啬，第三种叫不敢居于天下人的前面。慈爱所以能勇武；俭啬所以能厚广；不敢居于天下人的前面，所以能成为万物的首长。现在舍弃慈爱而求取勇武，舍弃俭啬而求取宽广，舍弃退让而求取争先，是走向死路。慈爱用来征战就能胜利，用来守卫就很牢固。天要救助谁，就用慈爱来卫护他。

四、纵横谈

老子所处的乱世暴力残酷，慈心缺乏，所以老子阐扬"慈"。其目的在于圣人、在位者能够光大慈心、悲天悯人，并以之晓谕百姓，将爱心和同情心显扬于人世间，慈悲为怀，这是人类友好相处的基本动力。慈的心是清静的、真诚的、平等的，以此为基准，首先修为自己的慈心。

遭逢战事，以"慈"心向乱。既然"战"争，能做到不争吗？首要做到的一点是不可嗜杀，这是千古不移的法则。临战时的心态，需要平日里的历练而锻就：多杀伤慈，故慈心不嗜杀。得饶人处不恃强，更不凌弱。

本章"天下皆谓我大，不肖"和二十一章虚心篇"孔德之容，唯道是从"都在探索"道"。本章的"俭"与五十九章守道篇之"啬"相呼应。

"三宝"是成道的法宝，"慈、俭、处下之心"是具有可操作性的抓手，如果人的修为中时刻不忘"三宝"，那就能够耐得住对甘于寂寞心态的考验，将培养出贯穿始终的耐心和成就伟业、著述大作品的毅力。

慈，用心；俭，吃穿用度及行事反对铺张浪费，要有所储备；在功德面前，不敢为天下先，不去贪功，有居下之心。

曾文正公有言，家败离不了一个"奢"字。俭，物尽其用，万物皆有灵性，二十七章巧用篇说，是以圣人"常善救物，故无弃物"。如何做到"俭"？首先理解"俭"，俭即简化、放下。其次，在日常修为中，可以这样理解"俭"：太贵的不吃，太贵的不穿。谨记今生能穿的别穿光了。

本章发慈悲心，敬民如手足。如看待父母、善待儿女般对待民众，自然能化干戈为玉帛，化仇敌为亲朋，学着用自己看别人的眼睛看自己，用妈妈看自己的眼睛看别人，拥有一双温柔慈祥的妈妈的眼睛，则今世幸福圆满，大同天下的天下不远矣。

六十八章

一、原文

善为士者不武，善战者不怒，善胜敌者不与，善用人者为之下。是谓不争之德，是谓用人，是谓配天，古之极其也。

二、注解

为士：统帅士卒，指担任将帅。为，治理，管理。士，士卒。

不与：不争。

天：天道。

极其：最高准则。

三、译文

善做将帅的不逞勇武，善于作战的不轻易激怒，善于战胜敌人的不用对斗，善于用人的对人谦下。这叫作不争的品德，这叫作善于用人，这叫作合于天道，这是自古以来的最高准则。

四、纵横谈

为圣、为君、为主之道，当用德，当行大道，方至大德。

本章配天篇论述的主题是不争，不争是天道之一，本章讲不争之德。

如何做到不争？学会情绪的管理。为士不武，止戈，不可逞强；"不怒"，不可因"怒"而暴力，善于管理自己的情绪，方能达"道"而"自然"成就"无为而无不为"之事业。

军事中用兵作战要用德，讲究德用的技术。"善用人者为之下"，善于听取、采纳来自多方的信息。刘备充分发挥团队中每个成员的作用，调动集体中每一名成员的主观能动性，奠定了蜀汉的基业，充分发挥了蜀国统治集团群体的智慧。

本章谈到了"士、战、胜敌"，"善用人者为之下"，"是谓不争之德"。官爱兵，兵护官。在生死攸关的战场上，士兵不会把命运托付给对他们的生命漠不关心的将军，更不会心甘情愿地在战场上去舍命拼杀。

时运与不争之见。俗语讲吉人自有天相，同时，努力永远也不过时。日日努力，日日新，做新人，呈现新模样，命运能不变？抬眼望一世人生，一定好好开始，踏实工作不出风头，实事求是不争彩头，奋发有为不减势头，头脑清醒力争不栽跟头，如此每天都会有好运气。同时，学会跟别人沟通，跟别人可以是一个合作和互相学习的关系，而不仅是竞争关系，有为民众服务的心理、心态和态度。其实每个人都有他擅长的和不擅长的，这就是为什么我们说要团队合作，因为这个世界这么大，要做的事情这么多，你不跟别人合作，你是不可能独立于社会群体而单一存在的，学会合作，学会在合作中的竞争，可以提高工作质量。

十字路口的选择决定人的命运，人的认知决定关键时刻的选择。漫漫人生路，不以一时的得失论成败，如果把机会和挫折放到生命的里程中来考虑，我们发现，所有面对过或者正在面对的挫折不但不是绝境，反而成为我们通往成功的必经之地，经验、学习和经历改变着我们的认知，当我们的思维开始转变时，我们会发现同样的境地会变得天高地阔，令你我信心倍生，脚步轻捷，一朝风云化成龙。

六十九章

一、原文

用兵有言："吾不敢为主而为客，不敢进寸而退尺。"是谓行无行，攘（rǎng）无臂，执无兵，扔无敌。祸莫大于无敌，无敌几亡吾宝。故抗兵相若，则哀者胜矣。

二、注解

为主：进攻，采取攻势。

为客：采取守势，指不得已而应敌。

行无行：虽然有阵势，却像没有阵势可摆。行，行列，阵势。

攘无臂：虽然要奋臂，却像没有臂膀可举。攘臂，怒而奋臂，捋起袖子，露出胳膊表示振奋。

执无兵：虽然有兵器，却像没有兵器可持。兵，兵器。

扔无敌：虽然面临敌人，却像没有敌人可以对付。扔，因，就。扔敌，就敌。

无敌：轻敌，即好战，伤慈。

抗兵相若：两军相当，两军势均力敌。

哀者胜：此处"哀"有"慈"之意，六十七章"夫慈，故能勇"，故"哀"兵胜矣。

三、译文

用兵的曾说："我不敢进犯而采取守势，不敢前进一步而要退回一尺。"这就是说：虽然有阵势，却像没有阵势可摆；虽然要奋臂，却像没有臂膀可举；虽然有兵器，却像没有兵器可持；虽然面临敌人，却像没有敌人可对付。祸患没有比轻敌更大的了，轻敌几乎丧失了我的"三宝"（慈、俭、不敢为天下先）。所以，两军相当的时候，慈悲的一方可获得胜利。

四、纵横谈

谈兵。三十章俭武篇"佐人主，不以兵强于天下"；三十一章偃武篇"兵者，不祥之器"；四十六章俭欲篇"天下无道，戎马生于郊"；本章玄用篇"用兵有言：'吾不敢为主而为客，不敢进寸而退尺。'"，以退为进，诱敌深入，以逸待劳，可谓用兵出奇制胜之道。

修德与德用。本章"不敢为主而为客"，用守的方法分散对方兵士的整体心力，用德获得上天的赞助；"不敢进寸而退尺"，运用上善的智慧避开对方的锐气，减少伤亡，这是对德行的诠释。

谈哀慈。三十一章偃武篇"夫乐杀人者，则不可以得志于天下矣"，"吉事尚左，丧事尚右。偏将军居左，上将军居右，言以丧礼处之。杀人众，以悲哀莅（lì）之；战胜，以丧礼处之"，本章"抗兵相若，则哀者胜矣"。哀兵胜，老子在鼓励被侵略一方的战斗意志。骄与哀之异，哀者胜，哀兵将胜，骄兵必败。何故？用兵不能轻敌，轻敌无不败，骄兵必败，故戒骄。况且哀者已处下，符合道义，所以能接受到道德的加持以助力，终将获得胜利。

知己知彼，百战不殆。战略上藐视对手，但在战术上，需要做精心准备，才能无敌。训练兵士具备不怕死的精神和勇气，进而练就好的作战能力，不送死，从而提高战斗力。

"无敌"之姿万万不可取。"祸莫大于无敌，无敌几亡吾宝"，因为轻敌害德。但凡战争就要伤及双方作战人员的性命，生命可贵，有父母的生养，也要仰仗天地和道的养育，所以，用兵的人谨慎对待战事，是爱护人性命，是爱惜生命的表现，是对护生之意的传达。

七十章

一、原文

吾言甚易知，甚易行，而天下莫之能知，莫之能行。言有宗，事有君。夫唯无知，是以不我知。知我者希，则我贵矣。是以圣人被（pī）褐而怀玉。

二、注解

言有宗：言论有主旨、有旨归。

事有君：行事有根据。君，有"主"的意思，有依据。有君，有所本。

无知：此处指其他人对自己的不理解，并非指自己的无知。

则：效法。

被褐：穿着粗布料的衣服。被，着，穿着。褐，粗布。

三、译文

我的话很容易了解，很容易实行，但是大家却不能明白，不能实行。言论有主旨，行事有根据。正由于不了解这个道理，所以不了解我。了解我的人稀少，取法我的人就很难得了。因而有道的圣人穿着粗衣而内怀美玉。

四、纵横谈

市井有谁知国士。"知我者希，则我贵矣。是以圣人被褐而怀玉"。粗缯大布裹生涯，才美不外现，要长久地修持内心美好的德性，方得以匹配温良、存善的外部之相。

知行合一。知"道"不易，守道亦难，贵在行持，"行"道在于坚持。

难能可贵。三十三章辩德篇有言"强行者有志"，七十章知难篇有"吾言甚易知，甚易行……知我者希，则我贵矣"。知难而进，竭尽全力推动以为之，难行能行，精神可贵也。

修心进德。按照道的智慧来考量，修身养性提高道行的最好办法逃不脱磨砺。可以主动找同事或同修听取对自己所做事情的不同看法，就是双耳主动常听逆耳之言——不顺耳的话，心中常有拂心之事，就是与自己的心愿相悖、不顺心的事，反思自己的修为并学着改变自己，将逆耳之言、拂心之事当作进德修为的砥石，而不是沉溺于甜蜜的毒药中妨碍了自身修德前行的脚步。

顺应道性思维。内心是快乐还是痛苦,从观察我们的起心动念入手。让心学会转弯,逐渐积累脑子转弯的力量,因为思想的列车不是那么容易改变方向的。思维方式是我们自己的选择,学会转变我们的思维方式,按照道的智慧去思维,能带给我们无穷的力量,如果顺着已有的烦恼去思维,痛苦与困惑将挥之不去。

遵道法转变思维方式。如果我们的心总是随境而转,看到什么、听到什么心里就想什么,就容易与烦恼相应,不容易跟随道法去思维。经常学习、听闻道法、亲近善友,让自己多处在道法的环境中,用多种途径忆持、记熟听到的道理,并且时常主动思考听闻的道理,取代内心的非理作意。学会用道法思考以解决现实中的问题,抓住最重要的事情去做,在实践中练习,并努力前行,只有尝试去做才会迸发勇气,不能等着勇气来了才去面对。

七十一章

一、原文

知不知,上矣;不知知,病矣。夫唯病病,是以不病。圣人不病,以其病病,是以不病。

二、注解

夫唯病病,是以不病:新校本中无此句。**❶**

知不知:知道自己(有所)不知道。

上:通"尚"。

不知知:不知道却自以为知道。

病病:把病当作病。

三、译文

知道自己有所不知道,最好;不知道却自以为知道,这是缺点。把缺点当作缺点而加以改正,所以没有了缺点。有道的人没有缺点,因为它把缺点当作缺点,所以他是没有缺点的。

四、纵横谈

本章知病是个小结，老子的道德经陈述至此，在大结局前打了一个回扣，帮助读者收收神回味一下，并以此引发读者的反思。

人贵有自知之明，强不知以为知，这是人之为人的大痛点。在求知的征途中，人人皆有"盲点"，贵在具有敢于承认"不知"的真诚态度，方能求得真知。"夫唯病病，是以不病。"人非圣贤，孰能无过，如果把缺点当作缺点，那么缺点将日渐减少，被克服、被改正，甚或没有了缺点。

知病——学会自我救赎。知道自己的不足之处，能够看到自己的轻浮傲慢，那么此人还算有救；如果还能反省自己的轻浮傲慢，并着手破除，那么这个人正在得救；弄明白、清楚自身的不足之处，灭掉自身的傲慢，其实是为自己的心田、为自己未来的人生打开了一条通向更加辽远、广阔天地的大门。

学会自省。向有道的人学习，时不时地、主动自觉地做自我反省。工作、生活中无论所为何事皆养成认真求证、踏实求索的良好习惯，找到着力点后，面对问题集中发力，则所谋之事日趋完善、结果有望，困顿、难题将被逐一解决，获得进步。

七十二章

一、原文

民不畏威，则大威至。无狎（xiá）其所居，无厌其所生。夫唯无厌，是以不厌。是以圣人自知不自见（xiàn），自爱不自贵。故去彼取此。

二、注解

畏威：畏惧威压。

大威：威，可怕的事，祸乱。

无狎其所居：治理天下者，没有狎迫人民之居所，使百姓不得安舒。狎，假为"狭"。

无厌其所生：治理天下者，没有压榨人民之生活，使之不得顺适。厌，压。

夫唯无厌，是以不厌：只是不压榨（人民），人民才不厌恶（统治者）。

不自见：不自我表扬。见，表现。

自爱不自贵：指圣人但求自爱而不求自显高贵。

去彼取此：舍去"自见""自贵"而取"自知""自爱"。

三、译文

人民不畏惧统治者的威压，则更大的祸乱就要发生了。不要逼迫人民的居处，不要压榨人民的生活。只有不压榨人民，人民才不厌恶（统治者）。因此，有道的人但求自知而不自我表扬，但求自爱而不自显高贵。所以舍去后者而取前者。

四、纵横谈

官逼民反，执政者欲维护安定团结的国家政局当深思此理。权力是国之重器，所以正确、合理的用权而不滥施权力，身居高位者拥有重权且心不贪恋、更不争，能够如此则是无量德的体现。掌权者需要心里时刻提醒自己，只是借助这个舞台为社会服务而已。

爱己。提升自我的品性，爱护周围的民众，水涨船则高，水能载舟亦能覆舟。一花独放不是春，百花齐放春满园，护生，爱护民众即是爱己，是对自己最大的爱护。

物欲拼争的世间，把控生活的节奏，偶尔或慢下来，让心灵驻足，在中国优秀的传统文化中探寻以打造精神世界的家园。

七十三章

一、原文

勇于敢则杀，勇于不敢则活。此两者，或利或害。天之所恶，孰知其故？天之道，不争而善胜，不言而善应，不召而自来，𝄠（chǎn）然而善谋。天网恢恢，疏而不失。

二、注解

勇于敢则杀，勇于不敢则活：勇于坚强就会死，勇于柔弱就可活。敢，坚强。不敢，柔弱。"坚强与柔弱之辩"请见七十六章"坚强者，死之徒；柔弱者，生之徒"。

天之道：自然的规律。

𝄠然：坦然、宽舒的样子，安然，宽缓。

天网：自然的范围。

恢恢：宽大，光大。

失：漏失。

三、译文

勇于坚强就会死，勇于柔弱就可活。这两者勇的结果，有的得利，有的遭害。天道所厌恶的，谁知道是什么缘故？自然的规律，是不争攘而善于得胜，不说话而善于回应，不召唤而自动来到，宽缓而善于筹策。自然的范围广大无边，稀疏而不会有一点漏失。

四、纵横谈

天道不争、天道不言、天道不召而自来，天道善谋。

道是无形之物，具备难以想象的洞察力。人在天地法网之中，哪里有不被监察的道理？道是客观规律，天网恢恢，疏而不漏，逆道而行则亡；换一个角度讲，道是无形的物质，具有无上道德境界，道是天人合一观的集合体，若将道比拟为人，道则是天人合一观的集大成者。老子的天道观源于对自然界事物的感悟，有对天地日月星辰的敬畏与认知，以道德精神为载体而被世人所用。

"不争而善胜，不言而善应，不召而自来。"不争所得是因德行而得，没有争的居心和行动，是无私奉献的道德精神的体现。不争而退让可以占据道德的制高点，防止非理性、不道义的争端蔓延和扩展，可以依据这一原则推动家庭、社会以及国与国之间的和谐。

老子谈及的不争，不是无原则的退让，不是无作为，而是在名利、享受面前不与人竞争。"外其身而身存"，去争如何让社会更健康地发展，去争如何无私地为百姓多做奉献，在国家和人民的利益面前，宁可舍弃自己的生命，这是至高境界的不争。"不失其所者久，死而不亡者寿"，具有这种作为的人民公仆也将永世被民众所爱戴。

七十四章

一、原文

若民常且不畏死，奈何以死惧之？若民常且畏死，而为奇者，吾将得而杀之，孰敢！若民常且必畏死，则常有司杀者杀；夫代司杀者杀，是代大匠斫；夫代大匠斫者，希有不伤其手矣。

二、注解

为奇者：为邪作恶的行为。奇，奇诡。

孰敢：孰敢为非作歹。

司杀者：专管杀人的，指天道。

代司杀者：代替专管杀人的，赖刑罚，代天杀。

斫：用刀或斧头砍、削。

三、译文

如果人民不畏惧死亡，为什么用死亡来恐吓他？如果使人民畏惧死亡，对于为邪作恶的人，我们就可以把他抓来杀掉，谁还敢为非作歹！如果人民真的畏惧死亡，那么经常有专管杀人的去执行杀的任务；那代替专管杀人的去执行杀的任务，这就如同代替木匠去砍木头一样；那代替木匠砍木头，很少有不砍伤自己的手的。

四、纵横谈

本章内容句意层层递进，"若民常且不畏死……若民常且畏死……若民常且必畏死"。

本章制惑篇论及刑罚。制惑篇"若民常且不畏死，奈何以死惧之？"，七十二章爱己篇"民不畏威，则大威至"，都是老子对统治者滥杀无辜的指责。

爱护生命，关注热爱生命的教育。拥有生命的人，本应适时而来，顺时而去。代司杀者杀伐，染污己手在其次，重要的是被杀者生命被迫终止而引发的一系列问题，令人不得不忧虑、不得不思考。解决这一问题，需仰赖教化的力量，借助家庭、学校和社会加强热爱生命的教育。

酷刑峻法之祸、没问清缘由的刑罚、因侵略作战等而伤及百姓、臣民都是在代天而肆意杀伐。本章"夫代大匠斫者，希有不伤其手矣"。肆意杀生、妄杀，不循道处事，令人痛心。同时，怨仇结下，被斫者身死，如果戾气、冤气未消解，则留给后世祸患，代代结怨。如果尊道修为行事，那么，可以消解仇恨，释解怨对，则百姓安宁国家太平。

七十五章

一、原文

民之饥，以其上食税之多，是以饥。民之难治，以其上之有为，是以难治。民之轻死，以其求生之厚，是以轻死。夫唯无以生为者，是贤于贵生。

二、注解

有为：政令繁苛，强做妄为。

以其求生之厚：由于统治者奉养奢厚。

无以生为：因为图享受而妄作。为，有为、妄作。

贤：胜。

贵生：厚养生命，看重享受。

三、译文

人民所以饥饿，就是由于统治者吞吃赋税太多，因此陷于饥饿。人民所以难治，就是由于统治者强做妄为，因此难以管治。人民所以轻死，就是由于统治者奉养奢厚，因此轻于犯死。只有清静恬淡的人，才胜于奉养奢厚的人。

四、纵横谈

关于税赋，本章对虐政者发出了警告，戒贪婪，减少对百姓的扰损，减税赋，轻徭薄赋。

为官行政，力戒官员自贵而贱民。"夫唯无以生为者，是贤于贵生"，作为管理人员、领导者，要把人民、百姓的利益放在第一位，不能只为自己个人求生而妄作。若转换想法和做法，努力修为，生存的空间会越来越宽广。

以生活恬淡为高贵的生存方式，不把厚生奢侈作为追求的目标。清静恬淡，减少奢厚的奉养，婚丧尚俭，力戒奢靡。应时节而建设精神文明，将日常生活中的精神文明融入四时节令，全社会争取收获物质文明和精神文明建设的双丰收。

个体的人在生活中保持俭朴绝对是一种美德，但是要适度。凡事都要掌握一个度，个人生活俭朴也不例外，尤其是与人交往的时候，否则容易被误解成吝啬小器、斤斤计较，反而伤害了雅趣。《菜根谭》有言"俭，美德也，过则为悭吝，为鄙啬，反伤雅道"。

七十六章

一、原文

人之生也柔弱，其死也坚强。万物草木之生也柔脆，其死也枯槁。故坚强者，死之徒；柔弱者，生之徒。是以兵强则不胜，木强则共。故坚强处下，柔弱处上。

二、注解

柔弱：指人体的柔软。

坚强：指人体的僵硬。

柔脆：指草木形质的柔软。

枯槁：形容草木的干枯。

死之徒：属于死亡的一类。

生之徒：属于生存的一类。

兵强：强，逞强。

木强则共：此句乃言木强则为樵（qiáo）者伐取并燎于灶也；又言树木盛长，结果就会成为弯曲或死亡的拱木（墓旁之木为拱木）。共：折，被砍伐。❶

三、译文

人活着的时候身体是柔软的，死了的时候就变成僵硬的了。万物中草木生长的时候形质是柔脆的，死了的时候就变成干枯状。所以，坚强的东西属于死亡的一类；柔弱的东西属于生存的一类。因此用兵逞强就会不得胜利而遭受灭亡，树木强大就会遭受砍伐。所以，坚强、强大的处于下位，柔弱的反而处在上面。

四、纵横谈

观察生死之态，重识万物之性。生之形态柔，死之形态僵，所以，柔软易变通则适应性强，不易招致绝境。

本章戒强篇"兵强则不胜"，故戒强、戒盈、戒满，知足，言行、举止检点自重。四十四章立戒篇"知足不辱，知止不殆，可以长久"。

这个世界上最不该有的就是战争。关于用兵与和平的问题，整本《道德经》八十一章，有五章直接谈到了"兵"的问题：三十章俭武篇"以道佐人主者，不以兵强于天下，其事好还。师之所处，荆棘生焉。[大军之后，必有凶年]"、三十一章偃武篇"夫兵者，不祥之器，物或恶之，故有道者不处"、五十七章淳风篇"以正之国，以奇用兵，以无事取天下……我无为而民自化"、六十九章玄用篇"用兵有言：'吾不敢为主而为客，不敢进寸而退尺。'是谓行无行，攘无臂，执无兵，扔无敌……故抗兵相若，则哀者胜矣"和本章"是以兵强则不胜，木强则共"。可见，无论是古代还是现代，和平历来是大家所渴望的，战争总是要避免的。愿意打仗的人都没了，到那个时候，天下就太平了。

非不得已，不出兵也，因为和平是哭不出来的，打打停停中谈判维系。战争一是要保存自己，二是要消灭敌人。十次胜利经不起一次失败，不能重复地犯错

❶ 转引自：陈鼓应. 老子今注今译 [M]. 北京：商务印书馆，2003：333.

误，有一句俗语很形象地形容重复性的错误："崽卖爷田不心疼"。所以，带兵打仗需要从实际出发，采取灵活机动的战略战术，勇敢加技术会助力胜利的取得。符合战争之需，转移是策略，以退为进，不气馁，可以重建、重来。这样，在作战中避免两只拳头打人，门户大开，凑脸挨揍，可以避开有心杀敌、无力回天的危局。兵者亦道。战法战术的运用与戏剧"变脸"有异曲同工之妙，不胜不休。攻坚战、保垒战、歼灭战；运动战、游击战，对垒与游击、运动与机动，越打越活；大摆迷魂阵，让敌军不得休息，作战条件虽然艰苦，但是将士心态乐观：子弹不够鞭炮凑，撒豆成兵，成就了千军万马之势，车如水转，营造了风声鹤唳、草木皆兵的威压战局。

和平有"道"。《尚书·尧典》言："和，协和万邦，人来弘道。"万物并育而不相害，与道并行而不相悖。要想单个人出行安全，就得懂得单兵作战要领，以此自卫保平安。所以，爱护多种文化，让世界上的每一个人都能享受和平的阳光。

墨子非攻，反对战争。因为战争是个绞肉机，把敌我绞在一起，故当铭记历史，珍惜和平，避免 20 世纪两次世界大战的悲剧重演，这是对战争最好的纪念。

七十七章

一、原文

天之道，其犹张弓欤？高者抑之，下者举之；有余者损之，不足者补之。天之道，损有余而补不足；人之道则不然，损不足以奉有余。孰能有余以奉天下？其唯有道者。是以圣人为而不恃，成功而不居，其不欲见贤也。

二、注解

天之道：自然界最初的自然法则。

人之道：指社会的一般法则。

见贤：见通现，贤即聪明才智，有才智、有德行的（人）；多财❶。

三、译文

自然的规律，岂不就像拉开弓弦一样吗？弦位高了，就把它压低，弦位低了，就把它升高；有余的加以减少，不足的加以补充。自然的规律，减少有余，用来补充不足；人世的行为法则就不是这样，却要剥夺不足而用来供奉有余的

---

❶ 参考：陈鼓应. 老子今注今译 [M]. 北京：商务印书馆，2003：336.

人。谁能够把有余的拿来供给天下不足的？这只有有道的人才能做到。因此有道的人作育万物而不自恃己能，有所成就而不以功自居，他不想表现自己的聪明才智。

四、纵横谈

本章天道篇，言世界太小，总会头碰头。道乃隐而不见，与众生群然杂处，为众生日用而不为人所知。

由天道而导引出执政者为政之经。有道者，识天道、行天道，替天行道，知所去取。有道之士，引导、教化民众，贡献一己私有，拿出自己私有物品与众共享，募捐箱、功德箱这些装置显现着民众布施之恩德。

社会的规则应效法自然规律的均平调和，这就是老子人道取法于天道的意义。❶

九章运夷篇"功遂身退，天之道"；六十七章三宝篇"天将救之，以慈卫之"；七十三章任为篇"天之道，不争而善胜，绰然而善谋。天网恢恢，疏而不失"；七十九章任契篇"天道无亲，常与善人"；八十一章显德篇"天之道，利而不害"；本章天道篇"天之道，损有余而补不足"。

天伐，损有余补不足。"天之道，损有余而补不足"，这是天道的分配观念。顺应天道，学习"圣人不积"之德行，养成良好的社会风尚，为富"有"仁，富有者乐于捐赠，以补给贫苦者并促其日渐自立。

圣人为而不恃，成功而不居，其不欲见贤也。有道者成功而不居，功成身退，回归自然。圆的特征无始无终、无限循环，天之道即圆的运行轨迹，运行的诸物、每一个物件各自回到自己的根本、复根，回归自然之本位。天道有利于万物的自然发展，不损害、不妨碍万物的自然运转。

本章待万物处自然，护动态平衡。天道刑阳物，地德刑阴物，两者相吻合，道德获得平衡。得道易，积德难，不妨养德自现在始，这是醒道的修为，则"难积德"的局面不久将得到改观，因为日常生活中悟道、修养身心的境界是靠日积月累不间断的修为而来的。

金末元初诗人段成己《赠研师寄寄翁》诗赞，"虽凿混沌窍，太朴犹未漓，回首铜台瓦，千载垢有遗。"寄寄翁的陶器做好以后，给人的感觉还像未经雕琢的璞玉，让人情不自禁地想起著名的铜雀台上那精美的瓦当，好像继承了千年前的遗风。

天道佑人，给予公平。"天之道，损有余而补不足"，演进的天道在教育人，迷梦醒，当回头。天道演示的教化在度人，演化的天道在教世人警醒。

---

❶ 陈鼓应. 老子今注今译 [M]. 北京：商务印书馆，2003：338.

民众祭奠，有村必有庙有台，于庙宇中酬神献戏，戏演古今往来林林总总大千世界。

七十八章

一、原文

天下莫柔弱于水，而攻坚强者，莫之能胜，以其无以易之也。柔之胜刚，弱之胜强，天下莫不知，而莫能行。是以圣人云：受国之垢，是谓社稷主；受国不祥，是谓天下王。正言若反。

二、注解

受国之垢：承担全国的屈辱。受，承担。

受国不祥：承担全国的祸难。不详，祸难。

若：像。

反：反话。

三、译文

世间没有比水更柔弱的，若冲击坚强的东西，没有什么能胜过它，因为没有什么能代替它。柔胜过刚，弱胜过强，天下没有人不知道，但是没有人能实行。因此有道的人说，承担全国的屈辱，才配称国家的君主；承担全国的祸难，才配做天下的君王。正道说出来就好像是相反的一样。

四、纵横谈

本章任信篇与八章易性篇同用水做喻。四十三章遍用篇，天下之至柔也谈"水性"。

老子思想"贵柔"。三十六章微明篇"柔弱胜刚强。鱼不可脱于渊，国之利器不可以示人"、四十三章遍用篇"天下之至柔，驰骋于天下之至坚。无有入于无间（jiàn）。吾是以知无为之有益"、七十六章戒强篇"人之生也柔弱，其死也坚强"、本章七十八章任信篇"天下莫柔弱于水，而攻坚强者，莫之能胜，以其无以易之也"。老子贵柔"戒刚"的思想在这些篇目都有所体现。以柔克刚，识得自身艮性与坚韧，把得准方向，则所向披靡。

人间正道，受得卑下屈辱，方显英雄度量。执政的管理者，应具备包容心、有担当，甘愿服务民众。面对人为的祸患、自然的灾难，老子《道德经》进行如是总结，"柔之胜刚，弱之胜强，天下莫不知，而莫能行"；为首长者"受国之垢，是谓社稷主；受国不祥，是谓天下王"。

弱肩担道义，柔弱胜刚强。受国之"垢"与"不祥"者，乃社稷主或天下王。八章易性篇言，上善若水"处众人之所恶，故几于道"。正如六十四章守微篇言"是以圣人欲不欲，不贵难得之货；学不学，复众人之所过，以辅万物之自然"，所以，圣人求人所不欲求的，不珍贵难得的物品；学人所不学的，补救众人的过错，以辅助万物的自然变化而不加以干预。

七十九章

一、原文

和大怨，必有余怨，安可以为善？是以圣人执左契（qì），而不责于人。故有德司契，无德司彻。天道无亲，常与善人。

二、注解

七十九章："此章河上题作《任契第七十九》。帛书为八十一。"

为善：为妥善。

左契：是负债人订立的，交给债权人收执，就像今天所说的借据存根。契，即券（quàn）契，就像现在所谓的"合同"。

责：索取偿还。即债权人以收执的左券向负债人索取所欠的东西。

司彻：掌管税收。彻，周代的税法。

天道无亲：天道没有偏爱。

三、译文

调解深重的怨恨，必然还有余留的怨恨，这怎能算是妥善的办法呢？所以圣人保存借据的存根，但是并不向人索取偿还。有德的人就像持有借据的人那样宽裕，无德的人就像掌管税收的人那样苛取。自然的规律是没有偏爱的，经常和善人在一起。

四、纵横谈

本章任契篇"故有德司契，无德司彻。天道无亲，常与善人"上承六十三章恩始篇"为无为，事无事，味无味。大小多少，报怨以德……是以圣人终不为

❶ 参见：杨丙安. 老子古本合校 [M]. 北京：中华书局，2014：345.

大，故能成其大。夫轻诺必寡信，多易必多难，是以圣人犹难之，故终无难矣"。

善，天道无亲，常与善人。善人与自然为邻，善人得助乃是它自己作为的结果。若人良善，心底无私天地亦为之宽。天道，它公正无私，无亲疏厚薄，无论对人类还是世间其他万物，都给予同等的施与和补给。老子主张的慈爱、俭约、不争、公平公正、无私奉献等伦理观念皆是天道的涵义。

行善，善行天下。想必大家听过一则年迈夫妻住旅馆，希尔顿饭店和他首任经理的传奇故事。善良，为善又不欲人知的人，世界因为这样的好人都变得温柔了许多。

想象一下，爬山途中，道路狭窄、崎岖，走在我们前面、徐行缓慢的残障人士，我们对其行为要理解，他们在靠着意志力前行数个小时，排队等在后边的我们，只不方便三小时，人家不方便的是一生，倘若遇到类似情景，心念一转，换位思考，因为你本身内心世界想法的变化，世界可能就此不同。人生中，每一件事情都有转向的能力，就看我们怎么想、怎么转。没有脾气、没有跺脚，没有急赤白脸的狂喊，心性平和，我们便成就了一次善举，做到了止恶行善。

行善是天道，行善是替天行道的方式之一。天道在老子《道德经》中多处体现。九章运夷"功遂身退，天之道"、七十三章任为篇"天之道，不争而善胜，不言而善应，不召而自来，繟（chǎn）然而善谋。天网恢恢，疏而不失"、七十七章天道篇"天之道，其犹张弓欤？高者抑之，下者举之；有余者损之，不足者补之。天之道，损有余而补不足"、八十一章显质篇"天之道，利而不害；圣人之道，为而不争"、本章任契篇"天道无亲，常与善人"。

本章契是信的一种，信有广泛的范围。守信，以信解怨、以信解罪。圣人、有德的人掌握信，守信、尽守信用，与人为善，"天道无亲，常与善人"，信与道并存共生，有信者人喜之，有道者道亦喜之，故"有德司契"。

以信的力量助力做事的守信精神，保质保量地完成任务。"圣人执左契而不责于人"，圣人依靠信的力量感化人，教导人守信，按契约行事。

仁德俱全，以人至上。中华民族在长期实践中培育和形成了独特的思想理念和道德规范，有尚和合、求大同的思想，有自强不息、扶正扬善、扶危济困等传统美德。

何谓善？何谓恶？势可为恶而不为，即是善；为可行善而不行，即是恶。行恶，人怨人恨，人见人散，众人的疏离是天道作用力的表达，行恶之人，日渐衰微，走向灭败。

因为以上所述缘故，从今日始，一起历练具备宽广的胸怀。见他人善，当如己善，必助成之。

做善良的人是人生最美的修行。善良，也是人生最有价值的投资。自古有言，好人有好报，善当然也有善报，即使一时得不到回馈，也不要误解善良，因为吉时尚未到，在平凡的日子中深入、仔细地体会，福虽未至，祸已远离，得道多助，大路愈行将自宽。相信，你所付出的善良，总有一天在不经意间将回报给你，你将收到一份意想不到的礼物。善良，是人性中美好的情怀，是世间美丽的花朵。人生的路有千万条，而你选择了善良，这无疑将是最美的修行。

广修善行。修集人世间的善因，改造自己被烦恼染污的身心，得快乐自在，这是修心的真功夫。修有所为，学有所成，当利益大众，而非谋求一己私利。

回归自己的本心。一切还要落回到自心修养上去，心的修养越深，受外境影响的程度就越小，这是一定的，因为本心是简单的，所以，修为的心是轻快、洒脱的。

培植心田。有感恩、知恩、报恩的心，才能真正拥有您所希望拥有的，不知感恩和报恩的人，必陷身绝境、一无所剩、一无所有。用爱点亮内心深处那盏灯，您就不再活在失败和死亡的阴影里，悲哀将化为喜悦，在欢乐陪伴下一步步走向成功。

何谓心盲眼瞎。内心没有爱就是盲，眼神没有爱即是瞎。

心盲眼瞎之人最贫困，贫穷是一种意识。人穷，穷得只剩下金钱，此类人可悲。如果人懂得什么是真正的富贵、真正的富有，则会散财于民，贵在具备了"富"的思想，手中就握有了致富的经验。人穷不可怕，贵在知晓穷富莫穷心的道理，因为心穷会无药可救，所以，不做精神上的"心穷"之人，做精神上的富人，拥有一颗"富贵的心"，选择善的路径，具备良好的德性，做有德行的人以达天道，效仿"圣人执左契，而不责于人"。

想必大家听过"母亲的支票"这个故事吧。故事大意是这样的，在我们兄弟姐妹年少的时候，遇有困难时，大家坐在一起想办法，没辙的时候，母亲会说，要不咱们动用咱家那张支票，此时，大家会群起说再想想办法。多年后，儿女们成家立业了，问起母亲才知道，这张支票根本没有，但是，在母亲的引领和鼓励下，一家人靠着这张从不存在的支票一次次渡过难关，母亲用心呵护了每一个儿女的"富贵心"。如果说财富有源泉的话，那他肯定源于一颗颗富贵的心。心灵富有，则内心永远不会贫穷。

人心清静。除掉妄想，自净其心，眼下就是快乐的王国，所在国土也随之清净也。清静心就是道，不攀缘，不寻烦恼，守住清静心；清静行就是好德行，觉而不迷，这是真正的幸福，这是在弘扬道法、利生，自己得利，也利益他人。善护己心，远离不好和烦恼的境界，随缘不攀缘，自得快乐和幸福。

善应诸方所，应病予药，对症下药。一切境界、得失从缘，心无增减。

日用常行之道，若衣服之于身体，饮食之于口腹，不可一日无也。深入大众，与百姓广结善缘。学会奉献，学会帮助他人，如此行事一点都没有浪费，更不会有过失。这是修福最殊胜的方式，不妨一试。

八十章

一、原文

小国寡民，使有十百人之器而不用，使民重死而不远徙（xǐ）；虽有舟舆（yú），无所乘之；虽有甲兵，无所陈之；使民复结绳而用之。甘其食，美其服；乐其俗，安其居；邻国相望，鸡犬之声相闻，民至老死不相往来。

二、注解

十百人之器：相当于十、百倍人工之器。十百，十倍百倍。

远徙：迁移到远处。

舟舆：指船和车。代步之器，跋涉千里可为十百人之工。

甲兵：铠甲和兵器，泛指武备、军事；甲兵也指披坚执锐的士卒。此处甲兵指争战之器，披坚执锐可抵十百人之力。

陈：陈列（使用）。

三、译文

国土狭小人民稀少。即使有十倍百倍于人工的器械却不使用，使人民重视死亡而不向远方迁徙；虽然有船只车辆，却没有必要去乘坐；虽然有铠甲武器，却没有机会去陈列使用。使人民回到结绳记事的状况。人民有甜美的食物，美观的衣服；欢乐的习俗，安适的居所；邻国之间可以互相看得见，鸡鸣狗吠的声音互相听得见，人民从生到死，互相不往来。

四、纵横谈

本章描绘了老子理想社会的民风。百姓生存的环境回到自然原初生态，因为自然的生态环境是人类心灵的栖息地，人性回归淳朴、实诚，重现人纯良的本能，做本分人，安守本心，在对生活的体味中，感悟生命的进程，追求心灵地界里的精神欢愉。

物质发达到一定程度，人民安居乐业。早在两千多年前，老子观点中的"反、还、归"在现代都市周末经济模式中，仍然在传承、显现，这是现代文明向素朴的回归，安其居，乐其业，培养清净、寂寥的心境，日益打造精神生命的理想场所。

本章独立篇"虽有舟舆，无所乘之；虽有甲兵，无所陈之"，这是老子"为而不恃"思想的充分体现。二十六章重德篇也有言"虽有荣观，燕处超然"。

论及平等，鸡犬之声相闻、老死不相往来，人与人之间的平等越来越凸显。

本章老子代表人类对"小国寡民"的生存状态进行了一番畅想。未来充满光明，美好生活令世界人民心向往之，人类和平共处、共赢、共享。人身，乃是缩小版的天下，修身之道，无非是将这身"天下"治理到极致，面对自身，每个人都是自己的"天下王"；天下，乃是放大版的人身，每一个个体对自身管理的自觉，将统一成为一个和谐的共同体，在社会这一共同体中，物质产品和精神产物同步丰富，社会进化为大同社会的终极——小国寡民式的理想自治社会。大同社会是人类集体进化的愿景，人类借助大同社会之基础，运用圣人留下的大道利器，促使"愚、智、贤、不肖"皆能"合于道"——这是人类未来要经历的阶段。

"甘其食，美其服；乐其俗，安其居。"纵使身处卑微，也要尊重自己，美妙人生的关键在于你明白自己的所好，知道什么是自己喜欢的，知道自己愿意做什么。有时候学着放弃不是因为输掉了、要妥协，而是因为我们要懂得一个简单的道理，无论怎样都要笑对人生、快乐地生活，将日子演绎得相对完美，在循环往复中，对每日的修为从不言弃。

时间一去不复返。对时间最不负责任的做法是消磨与拖延、无果的期待和对将来无穷的依赖，最终导致最大的损失。当足够多的失望累加，时光的车轮在我们身边驶过，我们已经被生活抛弃，所以，只要我们以快乐的心态、轻盈的脚步坚持行走在路上，结果永远都不会为零，因为我们投入时间和努力，我们也可以让人刮目相看，我们也可以做到了不起。前行的生命可能会遭遇不平坎坷或倾盆大雨，但是我们的内心世界充满了阳光，依旧保持着光亮，因为人人的心中都有梦，因为梦在，所以我们前行有力量。

百姓重视生命、贵生。"重死而不远徙"，与邻为善，"虽有甲兵，无所陈之"，以善居住，人与人之间没有冤对，不结仇，亦无仇敌入侵，"小国寡民"群体里的百姓快乐地生活，邻里间没有流于形式的关心，不讨扰，与对方保持恰当的、舒适的空间距离，大家高枕无忧，过着自然、舒坦、安宁、神仙般的好日子。"使民复结绳而用之"，百姓享受美好的田园生活，相互信任，甲兵无所陈之。这是中华民族的先人老子早就向往的民间百姓的常态化生活状况，是物质生活充实无忧、道德境界充分升华的大同世界，这正是先哲向往的壮丽、繁荣的盛世景况。

八十一章

一、原文

信言不美，美言不信；善者不辩，辩者不善；知者不博，博者不知。圣人无积，既以为人，己愈有；既以与人，己愈多。天之道，利而不害；圣人之道，为而不争。

二、注解

积：积累，藏。

有：充足。

多：丰富。

三、译文

真实的言辞不华美，华美的言辞不真实；行为善良的人不巧辩，巧辩的人不良善；真正了解的人不广博，广博的人不能深入了解。有道的人不私自积藏，他尽量帮助别人，自己反而更充足；他尽量给予别人，自己反而更丰富。自然的规律，利物而无害；人间的行事，施为而不争。

四、纵横谈

本章显德篇表述的是专精深与广博浅二者的关系。

老子《道德经》共八十一篇，在中国文化中，"九"表示数多。《道德经》九九八十一篇，表示着九重天、九层地中的各种信息。❶

圣人行天道，天道利而不害，圣人不争，利人而不争。殊不知凡厥有情，都具灵觉。利而不害，方便他人，其实就是方便自己。于天地间立身没有私心杂念的人，为他人考虑，其实无意中让其他的人记住了你的需要。处事时，为他人着想，能够得到他人的尊敬和爱戴，不可以翻嫌易简却求难也，踏踏实实地从烦琐、稀松，看似鸡毛蒜皮的小事情做起，历知人间坎坎坷坷，不逃逸世间烦恼，如此才是真功夫。

---

❶ 元君 . 生命的智慧 [M]. 北京：中央编译出版社，2014：28.

六十六章后己篇"以其不争，故天下莫能与之争"；六十八章配天篇"善为士者不武，善战者不怒，善胜敌者不与，善用人者为之下。是谓不争之德，是谓用人，是谓配天"；七十三章任为篇"天之道，不争而善胜，不言而善应，不召而自来，绰（chǎn）然而善谋"；本章显德篇"圣人之道，为而不争"，圣人做事所遵循的原则是即便有所作为也不索取任何的回报。七十六章戒强篇"坚强处下，柔弱处上"，谦虚卑下，礼让不争，知荣辱。

"善者不辩"，不争辩，是一个人深到骨子里的修养。看自己的风景，走自己的路，坚守自己的方向，和而不同，求同存异，宽容、理解他人想法与自己见解的不同，一个人最好的生活方式莫过于此。

六十二章为道篇"美言可以市，尊行可以加与人"与本章"善者不辩"，嘴巴闭关，不以言语与人相争，更不用言语谤人，多观照个人的言语行为。禅宗六祖慧能大师说，"若真修道人，不见世间过"。其实，周边让自己感觉不爽快的事情，不一定都是由于他人所为和外部环境所致，其实大多数情况下是由于我们自己的心胸过于狭窄，容量不大，德性不够好，换句话说，自己修为达到的层次太低级。所以，不要总是眼睛向外盯着寻找其他人和周边环境的不当之处，还是收回自己的心神，对自己这一个体重新考量，先让自己的心灵得到濡养，就算对世界我们无能为力，但是我们可以将自己的心放开，在重新修养我们的心地中学会坦然从容地生活，将理性所得用于日常生活、学习和工作，身体力行，不只是入眼、入耳、出口空过一遍而已，而是自己躬身实践，不徒度时日。不以言论攻击他人，更不以言论诋毁旁人，避免做这类肤浅的事情，不在夸夸其谈中徒然浪费时日虚度光阴，如此做事或与人相处将使我们收获人生的大智慧。

"信言不美，美言不信"。当有人盛赞我们时要保持警惕，是自己的行为尽善尽美了，还是自己个体的行为让对方没有其他言辞可以表述了，所以只好拿来这些溢美之词来搪塞、来化解纷扰？所以当被人赞美、被夸奖之时，正是我们应当保持头脑冷静的时刻。

欲转变成良好心态，不妨从说话开始，学会修"口德"。言语表达的方式透露出说话人的心态，语言的魅力无穷，语言的力量大如天。从对父母兄弟姐妹子女说话开始，说话好听点，在家、在单位，从此刻开始不动用语言暴力，不妨亲身做这个实验。

"圣人无积，既以为人，己愈有；既以与人，己愈多。"积，指一种贪意，圣人想的是奉献而非获得，这与前文"治人事天莫若啬"之所为并不相悖。学会知足，懂得舍得之道，知足是达成"无积"精神境界的垫脚石，千金散尽还复来啊。经常保持一颗有谦有让、不争不执的心，这样可以避免贪嗔烦恼的污染，周围物理空间环境、心理环境会向好的方向发展，人事关系自然也会随之和谐。

希言有信，信任民众自治的能力。

道信。信者道自通，做到清静、无欲、处下、不争、勤俭、慈爱、专一。

守信。守道的体现。不轻诺，若许诺，则在行动中践诺，付出代价，挺得住，以坚强的意志为后盾，承受住苦难的考验，是谓"社稷主"。

参考文献

[1] 杨丙安 . 老子古本合校 [M]. 北京：中华书局，2014.

[2] 陈鼓应 . 老子今注今译 [M]. 北京：商务印书馆，2003.

[3] 陈鼓应，白奚 . 老子评传 [M]. 南京：南京大学出版社，2011.

[4] 陈鼓应 . 老子注译及评介 [M]. 北京：中华书局，2009.

[5] 聂中庆 . 郭店楚简《老子》研究 [M]. 北京：中华书局，2004.

[6] 李健 . 素朴为王：郭店楚简《老子》甲本的思想体系 [M]. 北京：中国文史出版社，2014.

[7] 河上公 . 老子道德经河上公章句 [M]. 王卡，点校 . 北京：中华书局，2009.

[8] 严遵 . 老子指归 [M]. 北京：中华书局，1994.

[9] 南怀瑾 . 老子他说：初续合集 [M]. 北京：东方出版社，2014.

[10] 傅佩荣 . 傅佩荣讲庄子 [M]. 北京：北京联合出版公司，2018.

[11] 六韬·三略 [M]. 北京：北京燕山出版社，2009.

[12] 王炳照，郭齐家，刘德华，等 . 简明中国教育史 [M]. 北京：北京师范大学出版社，1994.

[13] 大方广佛华严经净行品 . 新编净土五经 [M]. 上海：上海佛学书局，2013.

[14] 王蒙 . 老子的帮助（最新修订本）[M]. 贵阳：贵州人民出版社，2013.

[15] 鄢圣华 . 老子旨归 [M]. 合肥：安徽教育出版社，2013.

[16] 麦小舟 . 再生的老子 [M]. 广州：广东高等教育出版社，2009.

[17] 元君 . 生命的智慧 [M]. 北京：中央编译出版社，2014.

[18] 熊华堂 . 生活中的道：和你一起读《老子》[M]. 北京：中国物资出版社，2012.

[19] 罗尚贤 . 和生哲学与和生文明时代 [M]. 广州：广东经济出版社，2014.

[20] 苏木禄 . 《道德经》解密 [M]. 北京：企业管理出版社，2013.

[21] 全晓洁 . 从生存到发展：学校课程对传统文化道德价值的继承与超越 [J]. 河北师范大学学报（教育科学版），2019（3）.

[22] 洪成玉 . 古今字字典 [M]. 北京：商务印书馆，2013.

[23] 王力，蒋绍愚 . 古汉语常用字字典 [M]. 4 版 . 北京：商务印书馆，2005.

[24] 中国社会科学院语言研究所词典编辑室 . 现代汉语词典 [M].5 版 . 北京：商务印书馆，2005.

[25] 商务国际辞书编辑部 . 现代汉语词典 [M]. 北京：商务印书馆国际有限公司，2020.

[26] 刘锦晖，王密卿 . 国内汪榕培典籍英译实践研究现状与展望 [J]. 外语与翻译，2017（4）.

附录

内容说明：

为方便读者读诵、记忆、赏析《道德经》原文，本书将《老子》五千言每章的题目（后人所加）及原文等附上。

附录一：老子《道德经》原文

上篇

一章

道可道，非常道；名可名，非常名。无名，万物之始；有名，万物之母。故常无欲，以观其妙；常有欲，以观其徼 ❶（jiào）。此两者同出而异名，同谓之玄；玄之又玄，众妙之门。

二章

天下皆知美之为美，斯恶已；皆知善之为善，斯不善已。故有无相生，难易相成，长短相形，高下相盈，音声相和，先后相随。是以圣人处无为之事，行不言之教。万物作而不始，为而不恃，成功而不居。夫唯不居，是以不去。

三章

不尚贤，使民不争；不贵难得之货，使民不为盗；不见可欲，使民不乱。是以圣人之治也：虚其心，实其腹；弱其志，强其骨。常使民无知无欲，使夫智者不敢、不为。则无不治矣。

四章

道冲，而用之，又不盈，渊兮似万物之宗。挫其锐，解其纷；和其光，同其尘。湛兮似或存。吾不知其谁之子，象帝之先。

---

❶ 徼：边（际）也。

五章

天地不仁，以万物为刍狗；圣人不仁，以百姓为刍狗。天地之间，其犹橐籥乎？虚而不屈，动而愈出。多闻数穷，不如守中。

六章

谷❶神不死，是谓玄牝；玄牝之门，是谓天地之根。绵绵若存，用之不勤。

七章

天长地久。天地所以能长且久者，以其不自生，故能长生。是以圣人后其身而身先，外其身而身存。非以其无私邪？故能成其私。

八章

上善若水。水善利万物而不争，处众人之所恶，故几于道。居善地，心善渊，与善人，言善信，正❷善治，事善能，动善时。夫唯不争，故无尤。

九章

持而盈之，不如其已。揣而锐之，不可长保。金玉满室，莫之能守。富贵而骄，自遗其咎。功遂身退，天之道。

十章

载营魄抱一❸，能无离乎？专气致柔，能婴儿乎？涤除玄鉴❹，能无疵乎？爱民治国，能无以智乎？天门开阖，能为雌乎？明白四达，能无知乎？生之，畜之，生而不有，为而不恃，长而不宰，是谓玄德。

十一章

三十辐共一毂，当其无，有车之用。埏埴（shān zhí）以为器，当其无，有器之用。凿户牖以为室，当其无，有室之用。故有之以为利，无之以为用。

十二章

五色令人目盲，五音令人耳聋，五味令人口爽，驰骋田猎令人心发狂，难得之货令人行妨。是以圣人之治也，为腹不为目。故去彼取此。

十三章

宠辱若惊，贵大患若身。何谓宠辱若惊？宠为下，得之若惊，失之若惊，是谓宠辱若惊。何谓贵大患若身？吾所以有大患者，为吾有身；及吾无身，吾有何患！故贵以身为天下，若可托天下；爱以身为天下，若可寄天下。

---

❶ 谷：虚空；神：泛神。

❷ "正"通"政"，二字古通用。

❸ 营魄：魂魄；抱一：魂和魄合而为一。此句即：健全的生活是形体和精神合一而不偏离，即肉体与精神生活趋于和谐状况。

❹ 玄鉴：喻心灵深处明澈如镜。"玄"形容人心的深邃灵妙。转引自：陈鼓应. 老子今注今译 [M]. 北京：商务印书馆，2003：110.

十四章

视之不见，名曰微；听之不闻，名曰希；搏之不得，名曰夷。此三者不可致诘，故混而为"一"。"一"者，其上不曒，其下不昧，绳绳不可名，复归于无物。是谓无状之状，无物之象。是谓惚恍。迎之不见其首，随之不见其后。执古之道，以御今之有。能知古始，是谓道纪。

十五章❶

古之善为道者，微妙玄通，深不可识；夫唯不可识，故强为之容曰：豫兮其若冬涉川，犹兮其若畏四邻，俨兮其若客，涣兮其若冰释，敦兮其若朴，旷兮其若谷，混兮其若浊。孰能浊以静之徐清？孰能安以动之徐生？保此道者不欲盈；夫唯不盈，故能敝而不成。

十六章

致虚极，守静笃，万物并作，吾以观其复。夫物芸芸，各复归其根。归根曰静，静曰复命。复命曰常。知常曰明；不知常，妄作，凶。知常容，容乃公，公乃王，王乃天，天乃道，道乃久，没身不殆。

十七章

太上，下知有之；其次，亲誉之；其次，畏之；其下，侮之。信不足，焉有不信。犹兮其贵言。功成事遂，百姓皆谓："我自然。"

十八章

大道废，有仁义；智慧出，有大伪；六亲不和，有孝慈；国家昏乱，有忠臣。

十九章

绝圣弃智，民利百倍；绝仁弃义，民复孝慈；绝巧弃利，盗贼无有。此三者以为文不足，故令有所属：见素抱朴，少私寡欲。绝学无忧❷。

二十章

唯之与阿（hē），相去几何？美之与恶，相去何若？人之所畏，亦不可以不畏人。荒兮，其未央哉！众人熙熙，如享太牢❸，如春登台；我独泊兮其未兆，如婴儿之未孩，儽（léi）儽兮若无所归。众人皆有余，而我独若遗。我愚人之心也哉！沌（dùn）沌兮。俗人昭昭，我独昏昏；俗人察察，我独闷闷。惚兮其若海，恍兮若无止。众人皆有以，我独顽似鄙。我欲独异于人，而贵食母❹。

❶ 此章描述体道之士。"体道之士"之人格形态：宁静敦朴、谨言审慎。参见：陈鼓应．老子今注今译 [M]．北京：商务印书馆，2003：132.

❷ 绝学：绝学：仁义礼法之学。追求圣智礼法，增加人们智巧心机。但是"智""学"可以引人向上，导人向善。参见：陈鼓应．老子今注今译 [M]．北京：商务印书馆，2003：67.

❸ 参见百度词条：太牢是古代帝王祭祀社稷时，牛羊豕三牲全备为"太牢"。古代祭祀所用牺牲，行祭前需先饲养于牢，故这类牺牲称为牢；又根据牺牲搭配的种类不同而有太牢、少牢之分。

❹ 食音嗣，养也；母谓本也。食母谓养于道。

二十一章

孔德之容，唯道是从。道之为物，唯恍唯惚。惚兮恍兮，其中有象；恍兮惚兮，其中有物。窈兮冥兮，其中有情；其情甚真，其中有信。自今及古，其名不去，以阅众甫。吾何以知众甫之然哉？以此。

二十二章

曲则全，枉则正，洼则盈，敝则新，少则得，多则惑。是以圣人抱一为天下式。不自见，故明；不自是，故彰；不自伐，故有功；不自矜，故长。夫唯不争，故天下莫能与之争。古之所谓曲则全者，岂虚言哉？诚全而归之。

二十三章

希言自然。飘风不终朝，骤雨不终日。孰为此者？天地。尚不能久，而况于人乎？故从事于道者，同于道，德者同于德，失者同于失。同于德者，道亦得之，同于失者，道亦失之。[信不足焉，有不信焉。]❶

二十四章

企者不立，跨者不行，自见者不明，自是者不彰，自伐者无功，自矜者不长。其在道也，曰余食赘行❷，物或恶之，故有道者不处。

二十五章

有物混成，先天地生，寂兮廖兮，独立而不改，周行而不殆，可以为天地母。吾不知其名，字之曰道，强为之名曰大。大曰逝，逝曰远，远曰反。故道大，天大，地大，王亦大。域中有四大，而王居其一焉。人法地，地法天，天法道，道法自然。

二十六章

重为轻根，静为躁君。是以君子终日行，不离辎重。虽有荣观，燕处超然。奈何万乘之主而以身轻天下？轻则失本，躁则失君。

二十七章

善行无辙迹，善言无瑕谪，善数不用筹策，善闭无关楗而不可开，善结无绳约而不可解。是以圣人常善救人，故无弃人；常善救物，故无弃物。是谓袭明❸。故善人，不善人之师；不善人，善人之资。不贵其师，不爱其资，虽智大迷，是谓要妙。

二十八章

知其雄，守其雌，为天下谿；为天下谿，常德不离；常德不离，复归于婴儿。知其白，守其黑，为天下式；为天下式，常德不忒（tè）；常德不忒，复归

---

❶ 王本、河上本有此句，新校本无。参见：杨丙安 . 老子古本合校 [M]. 北京：中华书局，2014：105.

❷ 行与形古字相通。

❸ "袭"即是承袭，有保持或含藏之意；"明"是指了解道的智慧。"袭明"谓因顺常道也。

于无极。知其荣，守其辱，为天下谷；为天下谷，常德乃足；常德乃足，复归于朴。朴散则为器，圣人用之则为官长。故大制无割。

二十九章

将欲取天下而为之，吾见其不得已。天下神器，不可为也，不可执也；为者败之，执者失之。夫物或行或随，或歔❶（xū）或吹，或强或羸，或培或隳。是以圣人去甚，去奢，去泰。

三十章

以道佐人主者，不以兵强于天下，其事好还❷。师之所处，荆棘生焉。善者，果而已，不以取强焉。果❸而勿骄，果而勿矜，果而勿伐，果而不得已，是谓果而勿强。物壮则老，是谓不道，不道早已。

三十一章

夫兵者，不祥之器，物或恶之，故有道者不处。君子居则贵左，用兵则贵右。兵者不详之器，非君子之器；不得已而用之，恬淡为上。勿美也；而美之者，是乐杀人也。夫乐杀人者，则不可以得志于天下矣。吉事尚左，丧事尚右。偏将军居左，上将军居右，言以丧礼处之。杀人众，以悲哀莅之；战胜，以丧礼处之。

三十二章

道常无名，朴；虽小，天下莫敢臣。侯王若能守之，万物将自宾。天地相合，以降甘露，民莫之令而自均。始制有名，名亦既有，夫亦将知止，知止所以不殆。譬道之在天下，犹川谷之与江海也。

三十三章

知人者智，自知者明。胜人者有力，自胜者强。知足者富，强行者有志。不失其所者久，死而不亡者寿。

三十四章

大道氾兮，其可左右，成功遂事而不名有。万物归焉而不为主，常无欲，可名于小；万物归焉而不为主，可名于大。是以圣人之能成大也，以其不为大也，故能成其大。

三十五章

执大象，天下往；往而不害❹，安平太。乐与饵❺，过客止。道之出言，淡乎其无味，视之不足见，听之不足闻，用之不可既❻。

---

❶ 歔：〔歔欷〕也作嘘唏。哽咽；抽噎（yē）。
❷ 好还：还报；其事好还＝用兵这件事一定会得到还报。
❸ 果：效果，目的达到之意。
❹ 往而不害：（天下人）归往而不伤害。
❺ 乐与饵：音乐和美食。
❻ 不可既：指道之内蕴不可穷尽。（参见：陈鼓应.老子今注今译[M].北京：商务印书馆，2003：205.

三十六章

将欲翕之，必固张之；将欲弱之，必固强之；将欲去之，必固举之；将欲夺之，必固予之。是谓微明。柔弱胜刚强。鱼不可脱于渊，国之利器不可以示人。

三十七章

道常无为也，侯王若能守之，万物将自化。化而欲作，吾将镇之以无名之朴。镇之以无名之朴，夫亦将不欲。不欲以静，天地将自正。

下篇

三十八章

上德不德，是以有德；下德不失德，是以无德。上德无为而无以为，上仁为之而无以为，上义为之而有以为。上礼为之而莫之应，则攘（rǎng）臂而扔之。故失道而后德，失德而后仁，失仁而后义，失义而后礼。夫礼者，忠信之薄，而乱之首。前识者，道之华，而愚之首。是以大丈夫居其厚，不居其薄；居其实，不居其华。故去彼取此。

三十九章

昔之得一者：天得一以清，地得一以宁，神得一以灵，谷得一以盈，万物得一以生，侯王得一以为天下正。其致之也。天无以清，将恐裂；地无以宁，将恐发；神无以灵，将恐歇；谷无以盈，将恐竭；万物无以生，将恐灭；侯王无以为正，将恐蹶。故贵以贱为本，高以下为基。是以侯王自谓孤寡不穀，此非以贱为本邪？非乎？故致数誉无誉。不欲球球如玉，珞珞如石。

四十章

反者道之动。弱者道之用。天下之物生于有，有生于无。

四十一章

上士闻道，勤而行之；中士闻道，若存若亡；下士闻道，大笑之。不笑，不足以为道。故《建言》有之：明道若昧，进道若退，夷道若纇。上德若谷，大白若辱，广德若不足，建德若偷，质真若渝。大方无隅，大器免成，大音希声，大象无形，道隐无名。夫唯道，善始且善成。

四十二章

道生一，一生二，二生三，三生万物。万物负阴而抱阳，冲气以为和。人之所恶，唯孤寡不穀，而王公以自称。故物或损之而益，或益之而损。人之所教，我亦以之教人："强梁者不得其死。"吾将以为教父。

四十三章

天下之至柔，驰骋于天下之至坚。无有入于无间。吾是以知无为之有益。不言之教，无为之益，天下希及之。

四十四章

名与身孰亲？身与货孰多？得与亡孰病？是故，甚爱必大费，多藏必厚亡。知足不辱，知止不殆，可以长久。

四十五章

大成若缺，其用不敝。大盈若盅，其用不穷。大直若屈，大巧若拙，大辩若讷，大赢若绌。躁胜寒，静胜热，清静为天下正。

四十六章

天下有道，却走马以粪；天下无道，戎马生于郊。罪莫大于可欲，祸莫大于不知足，咎莫憯（cǎn）于欲得。故知足之足，常足矣。

四十七章

不出户，知天下；不窥牖，知天道。其出弥远，其知弥少。是以圣人不行而知，不见而名，不为而成。

四十八章

为学者日益，为道者日损；损之又损，以至于无为。无为而无不为。取天下者常以无事；及其有事，又不足以取天下矣。

四十九章

圣人常无心，以百姓之心为心。善者，吾善之；不善者，吾亦善之，得善矣。信者，吾信之；不信者，吾亦信之，得信矣。圣人之在天下，歙歙（xī）焉；为天下，浑心焉❶。百姓皆注其耳目，圣人皆孩之。

五十章

出生，入（去声）死❷。生之徒十有三；死之徒十有三；而民生生，动皆之死地，亦十有三。夫何故？以其生生之厚。盖闻善摄生者，陵行不遇兕虎，入军不被甲兵。兕无所投其角，虎无所措其爪，兵无所容其刃。夫何故？以其无死地。

五十一章

道生之，德畜之，物行之，器成之。是以万物莫不尊道而贵德。道之尊，德之贵，夫莫之命而常自然。故道生之，畜之，长之，育之，亭之，毒之，养之，覆之。生而不有，为而不恃，长而不宰，是谓玄德。

五十二章

天下有始❸，以为天下母❹。既得其母，以知其子；既知其子，复守其母，没身不殆。塞其兑，闭其门，终身不勤；开其兑，济其事，终身不救。见小曰明，

---

❶ 浑心焉：使人心思化归于浑朴。

❷ 出生，入死：人出世为生，入地为死。

❸ 始，本始，指道。

❹ 母，根源，指道。

守柔曰强。用其光，复归其明，无遗身殃，是谓袭常❶。

五十三章

使我介然有知，行于大道，唯施是畏。大道甚夷，而民好径。朝甚除，田甚芜，仓甚虚；服文采，带利剑，厌饮食，财货有余，是谓盗夸，盗夸非道也哉！

五十四章

善建❷者不拔，善抱❸者不脱，子孙以祭祀不辍。修之于身，其德乃真；修之于家，其德有余；修之于乡，其德乃长；修之于国，其德乃丰；修之于天下，其德乃普。故以身观身，以家观家，以乡观乡，以国观国，以天下观天下。吾何以知天下之然哉？以此。

五十五章

含德之厚，比于赤子。蜂虿虺蛇不螫，攫鸟猛兽不搏。骨弱筋柔而握固，未知牝牡之合而朘怒，精❹之至也。终日号而不嗄，和❺之至也。和曰常，知常曰明。益生❻曰祥❼，心使气曰强。物壮则老，是谓不道，不道早已。

五十六章

知者不言，言者不知。塞其兑❽，闭其门，挫其锐，解其纷，和其光，同其尘，是谓玄同❾。故不可得而亲，亦不可得而疏；不可得而利，亦不可得而害；不可得而贵，亦不可得而贱，故为天下贵。

五十七章

以正之国，以奇用兵，以无事取天下。吾何以知其然哉？夫天下多忌讳，而民弥贫；民多利器，国家滋昏；人多智巧，奇物滋起；法物滋彰，盗贼多有。故圣人云：我无为而民自化，我好静而民自正，我无事而民自富，我无欲而民自朴。

五十八章

其政闷闷，其民淳淳；其政察察，其民缺缺。祸兮，福之所倚；福兮，祸之所伏。孰知其极？其无正也。正复为奇，善复为妖。人之迷也，其日固久矣。是以圣人方而不割，廉而不刿；直而不肆，光而不耀。

五十九章

治人事天莫若啬。夫唯啬，是谓早服。早服谓之重积德；重积德，则无不

❶ "袭"古通"习"；袭常：承袭常道。
❷ 建：建树。
❸ 抱：抱持。
❹ 精：精气充足。
❺ 和：元气淳和。
❻ 益生：纵欲贪生。
❼ 祥：作妖祥、不详解。
❽ 兑：指人之孔窍。
❾ 玄同：玄妙齐同的境界，即道的境界。

克；无不克，则莫知其极；莫知其极，可以有国。有国之母，可以长久。是谓深根固柢，长生久视之道。

六十章

治大国若烹小鲜。以道莅天下，其鬼不神；非其鬼不神，其神不伤人；非其神不伤人，圣人亦不伤人。夫两不相伤，故德交归焉。

六十一章

大国者下流，天下之牝也。天下之交，牝常以静胜牡。以其静，故为下也。故大国以下小国，则取小国；小国以下大国，则取于大国。故或下以取，或下而取。大国不过欲兼畜人，小国不过欲入事人。夫两者各得其所欲，大者宜为下。

六十二章

道者，万物之奥，善人之宝，不善人之所保。美言可以市，尊行可以加于人。人之不善，何弃之有？故立天子，置三公，虽有拱璧以先驷马，不如坐进此道。古之所以贵此道者何？不曰求以得，有罪以免邪？故为天下贵。

六十三章

为无为，事无事，味无味。大小多少，报怨以德。图难于其易，为大于其细。天下难事必作于易，天下大事必作于细。是以圣人终不为大，故能成其大。夫轻诺必寡信，多易必多难，是以圣人犹难之，故终无难矣。

六十四章

其安易持，其未兆易谋，其脆易判，其微易散。为之于未有，治之于未乱。合抱之木，生于毫末；九成之台，起于累土；百仞之高，始于足下。为者败之，执者失之。是以圣人无为，故无败；无执，故无失。民之从事，常于几成而败之。慎终如始，则无败事。是以圣人欲不欲，不贵难得之货；学不学，复众人之所过，以辅万物之自然，而不敢为。

六十五章

古之善为道者，非以明民，将以愚之。民之难治，以其智也。故以智治国，国之贼；不以智治国，国之福。知此两者，亦楷式；常知楷式，是谓玄德。玄德深矣、远矣，与物反矣，乃至大顺。

六十六章

江海所以能为百谷王者，以其善下之，故能为百谷王。是以圣人欲上民，必以言下之；欲先民，必以身后之。故居上而民不重，居前而民不害，是以天下乐推而不厌。以其不争，故天下莫能与之争。

六十七章

天下皆谓我大，不肖。夫唯不肖，故能大；若肖，久矣其细也夫！我有三宝，持而宝之：一曰慈，二曰俭，三曰不敢为天下先。夫慈，故能勇；俭，故能广；不敢为天下先，故能为成器长。今舍慈且勇，舍俭且广，舍后且先，则必死矣。夫慈，以战则胜，以守则固。天将救之，以慈卫之。

六十八章

善为士者不武，善战者不怒，善胜敌者不与，善用人者为之下。是谓不争之德，是谓用人，是谓配天，古之极其❶也。

六十九章

用兵有言："吾不敢为主而为客，不敢进寸而退尺。"是谓行无行，攘无臂，执无兵，扔无敌。祸莫大于无敌，无敌几亡吾宝。故抗兵相若，则哀者胜矣。

七十章

吾言甚易知，甚易行，而天下莫之能知，莫之能行。言有宗，事有君。夫唯无知，是以不我知。知我者希，则我贵矣。是以圣人被褐而怀玉。

七十一章

知不知，上矣；不知知，病矣。[夫唯病病，是以不病。]❷圣人不病，以其病病，是以不病。

七十二章

民不畏威，则大威至。无狎其所居，无厌其所生。夫唯无厌，是以不厌。是以圣人自知不自见，自爱不自贵。故去彼取此。

七十三章

勇于敢则杀，勇于不敢则活。此两者，或利或害。天之所恶，孰知其故？天之道，不争而善胜，不言而善应，不召而自来，繟然而善谋。天网恢恢，疏而不失。

七十四章

若民常且不畏死，奈何以死惧之？若民常且畏死，而为奇者，吾将得而杀之，孰敢！若民常且必畏死，则常有司杀者杀；夫代司杀者杀，是代大匠斫；夫代大匠斫者，希有不伤其手矣。

七十五章

民之饥，以其上食税之多，是以饥。民之难治，以其上之有为，是以难治。民之轻死，以其求生之厚，是以轻死。夫唯无以生为者，是贤于贵生。

七十六章

人之生也柔弱，其死也坚强。万物草木之生也柔脆，其死也枯槁。故坚强者，死之徒；柔弱者，生之徒。是以兵强则不胜，木强则共。故坚强处下，柔弱处上。

---

❶ 极其：最高准则。

❷ 无此句，新校本中。参见：杨丙安. 老子古本合校 [M]. 北京：中华书局，2014：315.

七十七章

天之道，其犹张弓欤？高者抑之，下者举之；有余者损之，不足者补之。天之道，损有余而补不足；人之道则不然，损不足以奉有余。孰能有余以奉天下？其唯有道者。是以圣人为而不恃，成功而不居，其不欲见贤也。

七十八章

天下莫柔弱于水，而攻坚强者，莫之能胜，以其无以易之也。柔之胜刚，弱之胜强，天下莫不知，而莫能行。是以圣人云：受国之垢，是谓社稷主；受国不祥，是谓天下王。正言若反。

七十九章

和大怨，必有余怨，安可以为善？是以圣人执左契，而不责于人。故有德司契，无德司彻。天道无亲，常与善人。

八十章

小国寡民，使有十百人之器而不用，使民重死而不远徙；虽有舟舆，无所乘之；虽有甲兵，无所陈之；使民复结绳而用之。甘其食，美其服；乐其俗，安其居；邻国相望，鸡犬之声相闻，民至老死不相往来。

八十一章

信言不美，美言不信；善者不辩，辩者不善；知者不博，博者不知。圣人无积，既以为人，己愈有；既以与人，己愈多。天之道，利而不害；圣人之道，为而不争。

说明：原文采用"杨丙安著杨雯整理．老子古本合校．北京：中华书局．2014 年 11 月北京第一版．"此书中"新校"部分的内容，凡与"新校"内容有出入的地方均在当页作出说明。

附录二：老子《道德经》每章前一二句

上篇

一章　道可道，非常道；

二章　天下皆知美之为美，斯恶已；

三章　不尚贤，使民不争；

四章　道冲，而用之，

五章　天地不仁，以万物为刍狗；

六章　谷神不死，是谓玄牝；

七章　天长地久。

八章　上善若水。

九章　持而盈之，不如其已。

十章　载营魄抱一，能无离乎？

十一章　三十辐共一毂，当其无，有车之用。

十二章　五色令人目盲，

十三章　宠辱若惊，贵大患若身。

十四章　视之不见，名曰微；

十五章　古之善为道者，微妙玄通，

十六章　致虚极，守静笃，万物并作，吾以观其复。

十七章　太上，下知有之；

十八章　大道废，有仁义；

十九章　绝圣弃智，民利百倍；

二十章　唯之与诃（hē），相去几何？

二十一章　孔德之容，唯道是从。

二十二章　曲则全，枉则正，洼则盈，

二十三章　希言自然。飘风不终朝，骤雨不终日。

二十四章　企者不立，跨者不行，自见（xiàn）者不明，

下 篇

五十六章　知者不言，言者不知。

五十七章　以正之国，以奇用兵，以无事取天下。

五十八章　其政闷闷，其民淳淳；其政察察，其民缺缺。祸兮，福之所倚；福兮，祸之所伏。

五十九章　治人事天莫若啬（sè）。夫唯啬，是谓早服。

六十章　治大国若烹小鲜。以道莅天下，其鬼不神；

六十一章　大国者下流，天下之牝（pìn）也。

六十二章　道者，万物之奥，善人之宝，不善人之所保。

六十三章　为无为，事无事，味无味。

六十四章　其安易持，其未兆易谋，其脆易判，其微易散。

六十五章　古之善为道者，非以明民，将以愚之。

六十六章　江海所以能为百谷王者，以其善下之，故能为百谷王。

六十七章　天下皆谓我大，不肖。

六十八章　善为士者不武，善战者不怒，善胜敌者不与，

六十九章　用兵有言："吾不敢为主而为客，不敢进寸而退尺。"

七十章　吾言甚易知，甚易行，而天下莫之能知，莫之能行。

七十一章　知不知，上矣；不知知，病矣。

七十二章　民不畏威，则大威至。

七十三章　勇于敢则杀，勇于不敢则活。

七十四章　若民常且不畏死，奈何以死惧之？

七十五章　民之饥，以其上食税之多，是以饥。

七十六章　人之生也柔弱，其死也坚强。

七十七章　天之道，其犹张弓欤？高者抑之，下者举之；

七十八章　天下莫柔弱于水，而攻坚强者，莫之能胜，

七十九章　和大怨，必有余怨，安可以为善？

八十章　小国寡民，使有十百人之器而不用，使民重死而不远徙；

八十一章　信言不美，美言不信。

附录三：老子《道德经》河上题 ❶

体道 养身 安民 无源 虚用 成象 韬光 易性 运夷
能为 无用 检欲 厌耻 赞玄 显德 归根 淳风 俗薄
还淳 异俗 虚心 益谦 虚无 苦恩 象元 重德 巧用
反朴 无为 俭武 偃武 圣德 辨德 任成 仁德 微明
为政 论德 法本 去用 同异 道化 徧用 立戒 洪德
俭欲 鉴远 忘知 任德 贵生 养德 归元 益证 修观
玄符 玄德 淳风 顺化 守道 居位 谦德 为道 恩始
守微 淳德 后己 三宝 配天 玄用 知难 知病 爱己
任为 制惑 贪损 戒强 天道 任信 任契 独立 显质

1 体道 2 养身 3 安民 4 无源 5 虚用 6 成象 7 韬光 8 易性 9 运夷
10 能为 11 无用 12 检欲 13 厌耻 14 赞玄 15 显德 16 归根 17 淳风 18 俗薄
19 还淳 20 异俗 21 虚心 22 益谦 23 虚无 24 苦恩 25 象元 26 重德 27 巧用
28 反朴 29 无为 30 俭武 31 偃武 32 圣德 33 辨德 34 任成 35 仁德 36 微明
37 为政 38 论德 39 法本 40 去用 41 同异 42 道化 43 徧用 44 立戒 45 洪德
46 俭欲 47 鉴远 48 忘知 49 任德 50 贵生 51 养德 52 归元 53 益证 54 修观
55 玄符 56 玄德 57 淳风 58 顺化 59 守道 60 居位 61 谦德 62 为道 63 恩始
64 守微 65 淳德 66 后己 67 三宝 68 配天 69 玄用 70 知难 71 知病 72 爱己
73 任为 74 制惑 75 贪损 76 戒强 77 天道 78 任信 79 任契 ❷ 80 独立 81 显质

一章 体道 二章 养身 三章 安民 四章 无源 五章 虚用 六章 成象 七章 韬光
八章 易性 九章 运夷 十章 能为 十一章 无用 十二章 检欲 十三章 厌耻

---

❶ 章题采用：杨丙安 . 老子古本合校 [M]. 北京：中华书局 . 2014. 书中"河上题"。其中"四章，二十四章，七十九章"题目与"河北省道教协会 . 道德经 . 冀内准字（2012）第 A134号 ."中的同章题目加以对照并已在书中列出供读者参考。

❷ 此章题目名"左契"，参见第五五页，河北省道教协会 . 道德经 . 冀内准字（2012）第 A134 号 .